大展好書　好書大展
品嘗好書　冠群可期

内容簡介

太極推手是我們的國粹，是中華民族的先賢們給我們留下的無價之寶，也是中華民族爲世界文化和體育文化創造的珍貴財富。它是武中之文，較手之文。它蘊藏著我們民族文化的内涵和哲理，是習武者以武會友、切磋、交流、比賽的一種極好的形式。它對提高人體的素質，以及防身、健身都有很高的價值。

本書在理論上對許多人含糊不清的太極推手是怎麼一回事，作了比較明確的解釋，講清了它的傳統特點，及其包含的内容；回答了怎樣練好太極推手的問題。本書還詳細地講解了十五組具體的、實用的攻防方法，使人們能夠學了即會，而且由實戰可以轉變人們對太極推手的理解是空洞無物、以力降人、無技可施、無招可化、推推搡搡、對抗頂牛。

書中還介紹了能夠體現其傳統性、技擊性、健身性、觀賞性、娛樂性、趣味性的兩套太極推手對練套路。這兩套太極推手套路，内容豐富，編排巧妙合理，動作舒展大方、輕柔連貫。它充分運用前面所講的十五組組合，動作更活，水準更高。

另外，本書還對太極推手八法，即掤、捋、擠、按、採、挒、肘、靠作了比較獨到的解釋，廣大讀者和太極推手愛好者在閱讀時可以悉心品味。

前　言

　　隨著全民健身運動的深入開展和武術走向世界、走向奧運，中國武術越來越受到國內外人民的關注和喜愛。作爲一種傳統的、優秀的武術比賽和交流切磋的形式——太極推手，自然備受廣大武術愛好者的青睞。但是，太極推手到底是怎麼一回事？當前社會上太極推手是怎樣的狀況？怎樣練好太極推手，並保持其自身的傳統性、技術性、趣味性、觀賞性、健身性、娛樂性，很多讀者和習武愛好者並不怎麼清楚，因此，筆者編寫了本書，供廣大讀者和習武愛好者參閱。

　　另外，本書還對太極推手八法，即掤、捋、擠、按、採、挒、肘、靠作了不同於當今太極拳名家的解釋，請廣大太極拳愛好者和太極推手愛好者悉心品味。

　　由於本人才疏學淺，水準有限，書中難免有不妥之處，敬請廣大讀者和習武愛好者批評指正。

目　錄

當前太極推手的狀況

太極推手是一項深受廣大人民群眾喜愛的運動。隨著全民健身運動的開展，它已經不是單純習練太極拳的人的「專利」了。越來越多的人喜歡這項運動，參與這項活動。有的人練過太極拳，有的人沒有練過；有的人剛練一兩年；有的人是練摔跤的；有的人是練其他門派武術的；有的人什麼拳法也沒練過，只憑身強力大……大家都來試一試，都來推手，而且越推越愛推。

這是非常好的事情，它起到了增強人民體質的作用。但是，由於很多人對太極推手的內涵不是十分清楚，不知道太極推手是怎麼一回事，這就使得這項活動偏離了它的傳統味道。

所以，在太極推手的日常練習和比賽中，我們經常看到這樣的情況：有的掤、捋、擠、按四正手剛一推，就出現以力降力、頂牛、較力的局面；有的則一搭手就推推揉揉、脫手撞擊，弄得面紅耳赤，甚至突施冷手成了散打；有的乾脆就生拉硬拽，抓住不放，摟抱在一起摔起跤來；有的則是沒完沒了地機械「搖輪」，四正手推了好幾年，也沒有什麼進展，不知道掤、捋、擠、按、採、挒、肘、靠方法的運用及其變化。

因此，當他們遇到身強力大的對手時，明知對方什麼

也不會，什麼也沒練過，往往覺得很怵頭，沒有辦法，弄不好還會丟面子。

所以，有人認為，太極推手中要做到以小力勝大力，以輕克重，太不容易了，太茫然了；同時也有人認為「太極推手太簡單了」「不就是推推揉揉嗎」……

社會上太極推手的這種狀況已經持續了很長的時間，如果單純地從鍛鍊、健身的角度講，重在參與就是好事，但是，如果我們從繼承和發揚國之精粹的角度講，就應該很好地研究研究了。

太極推手是怎麼一回事

　　太極推手是一項傳統的、文明的、高雅的武術技擊形式，是衡量與檢驗習武者，特別是習練太極拳者知勁、懂勁與技術運用的一種方法。自明末清初陳王廷創造以來，經過王宗岳、陳長興、楊露禪、武禹襄、李亦畬等幾代太極大家的發展與完善，已經形成了百花齊放的涵括各門派太極拳推手特點在內的，綜合摔、打（發放）、拿、巧、變、化於一體的，又不同於散打、摔跤的運動。它是武中的文，它蘊藏著我們民族文化的內涵和哲理；是習武者以武會友、交流、切磋、比賽的一種極好形式。它對提高人體的素質以及防身、健身有很高的價值，是我國武術瑰寶中一顆璀璨的珍珠。

　　太極推手以粘、連、黏、隨的方法探明對方力的方向、大小、虛實、剛柔、快慢、長短，並且順其自然，隨伸就屈，不丟不頂，無過不及，從而達到知己知彼，進而達到我獨知彼而彼不知我；彼不動，我不動，彼微動，我先動；動急則急應，動緩則緩隨的境地，最後克敵制勝。

　　太極推手採用掤、捋、擠、按、採、挒、肘、靠的招法，粘隨不脫地作用於對方；順其自然，捨己從人，引進落空，以輕克重，以巧制拙，乘勢借力，牽動對方的重心，破壞對方的平衡；進而抓住機會乘虛而入，以實破

虛，將對方發放。

太極推手是武術的技擊形式之一，自然包含「打」法。但它的打法不同於「散打」。散打，顧名思義，是一種（在規則內）隨心所欲、無拘無束、可拳打腳踢、多以突施冷手，即不搭手、脫手時突然出擊為主的較手對抗形式。而太極推手的打法，必須在粘、連、黏、隨中進行，且不許脫手突施冷手，不許拳打腳踢。我們可以看到：進攻者，在顧住自己的同時，敢於主動貼近對方，所施的打法僅以觸及對方（即點到而已，不發傷人之功力）或者將對方發放為主，又不傷人。防守者，敢於讓對方貼近，又不使其打手觸及己身，或者使其手可進來，又無發放或打我之機可乘，且為我所用。雙方你來我往，給人以享受。所以稱其為武中之文，較手之文。

太極推手也包括「摔」法。然而，這個摔法又與摔跤、柔道不一樣。摔跤、柔道只許用摔法，不許用打法和拿法。故摔跤者可無所顧忌地去抓、攜、領、帶、搬、抄、摟、抱，而且可以抓住不放、摟住不放。但太極推手中的摔法與其截然不同。一味地無所顧忌地去強行使用任何招法，包括抓、攜、領、帶、搬、抄等招法屬於「貪」，是「病」，是推手中的大忌。抓住不放、摟住不放、生搬硬摔是不允許的。

太極推手中的摔法是講究「推」中的摔，即在粘、連、黏、隨不斷變化當中的摔，是順其自然、引進落空的摔，是巧妙的摔，是輕鬆的摔，是沒有較力的摔。它摔得乾淨，摔得精彩，摔得令人回味。

太極推手自創造以來，還包括「拿」法。但這種

「拿」法，不是以力降力，抓住不放，生掰硬撅。它是在推手中，在粘、連、黏、隨中的拿與反拿。「拿」就是拿關節，也包括反拿關節。但切忌無所顧忌地「貪拿」，以致被對方傷害。也不許以拿傷人，只是拿住而已。破解拿法，關鍵是「破解」「解扣」，決不是以力抗衡，更不是亂掙扎。

故太極推手是一項傳統的、綜合摔打拿為一體的、文明的、高雅的、精彩的運動形式和比賽對抗形式。它具有武之真諦的技擊性、武之必然的健身性、令人讚歎的藝術性、觀賞性、娛樂性和無窮的趣味性。

以上是筆者從側重技擊性方面對太極推手的認識和解釋。關於它的科學健身方面，很多人都有介紹，筆者就不再多講了。現僅舉一例，任何一種體育活動，都具有強身健體的作用，但是到了耄耋之年還能推手聽勁的運動唯有太極推手，可見太極推手科學的健身性非同一般。

怎樣練好太極推手

太極推手是一項以粘、連、黏、隨為特點，綜合撅、打、拿為一體，文明、高雅的運動形式和比賽對抗形式。它具有精彩的技擊性，蘊藏著我們民族文化的內涵和哲理。所以，它不是一項簡單的推推揉揉的、拼力氣、頂牛的運動，絕非只要身強力大就行；也決不是令人茫然的虛杳傳說，無論怎樣下工夫也是徒勞；而確實是以小力勝大力、以輕克重、以巧制拙的神奇的國粹。

只要有德、有識、有心之士尋覓到確有真傳、確有造詣的推手良師，尊師敬教，虛心好學，苦己心志，勞己筋骨，花上一定的工夫，收穫此藝必然無疑。

練好太極推手必須要知勁、懂勁。知勁即知己勁，又知彼勁。懂勁，即懂得對方力從何處來，向何處發放，又會怎麼變；而我應該如何防範，如何化解，又如何乘勢借力。要知勁、懂勁必須要粘、連、黏、隨，從粘、連、黏、隨中得知對方的消息，探明對方力的方向、大小、虛實、剛柔、快慢、長短。

要想做好粘、連、黏、隨，第一步就是順遂對方，按照對方的意願而動，與之粘隨不脫。不出與其對抗之力，不出與其背離之力，這就是順其自然，捨己從人。這裏需要注意，自己越是勁小越不可用力，不可降力，不可貪

力。

　　第二步就是在順遂中求化解。所謂化解，就是使對方所施的招法落空，使其有力用不上。這種化解不是抗衡，不是逃脫，不是亂掙扎；而是在粘、連、黏、隨之中，將對方的消息探明得準確無誤，稱得對方勁力毫釐不差。在此前提下，所採用的以輕克重、以巧制拙的招法，就是引進落空。這種招法關鍵是時時用意，處處用意；用意不用力；而且我的意在先。

　　第三步就是在順遂中求變化。所謂變化，就是使對方由主動變為被動，使自己由被動變為主動，即在粘、連、黏、隨中乘勢借力。在這個時候切忌出拙力，強行施招，捨身施招，貪心贏人；而應該順其自然，進而乘虛而入，直搗龍門。

　　這就是粘、連、黏、隨的奧妙。注意筆者在這裏所述的一、二、三步是步步深入、環環相扣的，並非機械的一、二、三。

　　如此粘、連、黏、隨決非一日之功，不可急於求成。這裏面包含著打中有顧，顧中有打的辯證關係；體現出周身一家和手、眼、身、法、步的協調統一。

　　所謂周身一家就是心與意合，意與氣合，氣與力合，手與腳合，肘與膝合，肩與胯合；就是「無使有缺陷處，無使有凹凸處，無使有斷續處」；就是源於腳，發於腿，主宰於腰，靈通於背，形於手指。所以欲要周身一家，使手、眼、身法、步協調統一，就必須平日多打拳，打好拳。

　　另外，也是特別重要的，就是把式子拆開，兩人多練

一些攻防的方法。為此筆者將一些推手中常用的組合編寫
出來，供廣大愛好者體用，以求大家儘快獲取效益。

再有為了提高大家對太極推手的興趣和認知，筆者還
特編排兩套太極推手的對練套路，相信大家能夠體會出太
極推手的傳統性、技擊性、健身性、娛樂性和觀賞性，以
增加大家對太極推手的興趣，練好太極推手。

14

太極推手基本（組合）訓練

第一組　平圓單推手（定步）

以雙方左腳在前，左撇為例；甲方在右，乙方在左。

（一）預備姿勢

甲、乙兩人相對站立。兩人距離以雙方握拳前平舉，拳面相接觸為準。身體自然放鬆，豎項提頂，下頜微收，目視對方。（圖1）

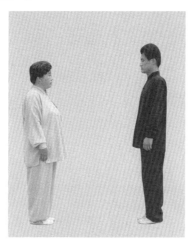

圖1

（二）搭　手

甲、乙兩人身體均微向右轉，雙方將左腳向前邁出，兩人兩腳內側相對，腳尖向前，兩腳相距 10～20 公分。爾後，雙方左手向前伸出，肘部微屈，手背相對，手腕交叉搭手與肩同高；同時，後腿屈膝下蹲，重心落於兩腳之間，偏於後腿；兩人右手均自然放鬆置於腹前。（圖 2）

要　點

雙方搭手時，手腕應在肩與胸之間為宜；各含掤勁，又各自鬆柔；既不可用頂抗之力，也不萎而無力。

（三）甲　推

甲身體重心略向前移，左腿前弓，用左掌向乙右胸推按。（圖 3）

圖 2　　　　　　　　　圖 3

(四)乙 化

乙左臂承接甲之按勁，重心後移，右腿後坐，擰腰、棲身、棲胯，上體左轉；同時，左臂回收翻掌（掌心向上），將甲左掌之按勁吸化；使其不能觸及胸部而落空至乙身體左側左臂以下、以外。（圖4）

17

(五)乙 推

乙乘勢後腳蹬力，腰向右擰轉，左腿前弓；同時，左臂翻掌（掌心向前），向甲右胸推按。（圖5）

(六)甲 化

甲左臂承接乙之按勁，重心後移，右腿後坐，擰腰棲身棲胯，上體左轉；同時，左臂回收翻掌（掌心向上），

圖4

圖5

將乙左掌之按勁吸化，使其不能觸及胸部而落空至甲身體左側左臂以下、以外。（圖6）

(七)甲 推

甲乘勢後腳蹬力，腰向右擰轉，左腿前弓；同時，左臂翻掌（掌心向前），向乙右胸推按。（圖7）

(八)乙 化

與本組（四）動作相同。

(九)乙 推

與本組（五）動作相同。

圖6　　　　　　　　圖7

(十)甲　化

與本組（六）動作相同。

如此循環，雙方推手路線為一平圓形。

如若雙方右腳在前，右手相搭，單手平圓推時，方法相同，方法與左撇對稱。

要　點

雙方用「按」向對方胸部推時，上體不可過於前傾。「化」時，應注意轉腰、楼身、收胯、重心後移，但上體不可後仰。

雙方手臂各含掤勁，進退相隨，不可僵硬，粘連黏隨，不丟不頂；雙方手腕如膠著如滑軸；以腰帶臂，以臂帶手，協調一致。

雙方右手自然放鬆，置於腹前，配合腰腿活動，另做防備。

注：擰腰、楼身、楼胯意指邊轉腰，邊退身，邊收胯，含有當受到攻擊時，暫且委屈，退、收、躲、藏之意。

特別提示

本書所講述的平圓單推手，攻方的左手向對方的右胸推；或攻方的右手向對方的左胸推。與其他太極拳推手書中所講的攻方的左手向對方的左胸推，或攻方的右手向對方的右胸推相比較，不僅是攻擊的位置不同，更重要的是化者的化法和感覺的味道更不一樣。

再者，書中還講，當甲用左手攻（推）乙時，乙應左臂回收翻掌（掌心向上）；而當乙變守為攻時，又翻掌前推。這種甲乙雙方無論攻防，兩人之左手總是在不停翻轉變化中形成平圓軌跡；反之右手也一樣。這也與其他太極推手書中所講的有所區別。

以上特別提示的兩點是我的恩師——徐明橋老先生在傳授推手時經常特別強調的；也是不同於他人的推法和化法。

第二組 平圓雙推手

以左腳在前，左撇為例；甲方在右，乙方在左。

（一）預備姿勢

同平圓單推手預備姿勢相同。（圖8）

圖8

（二）搭 手

甲、乙二人身體均微向右轉，雙方將左腳向前邁出，兩腳內側相對，腳尖向前，兩腳相距 10～20 公分。爾後，雙方左手向前伸出，肘部微屈，手背相對，手腕交叉搭手與肩同高。雙方右手分別扶於對方左肘部；同時，後腿屈膝下蹲；重心落於兩腳之間，偏於後腿。（圖9）

要 點

與平圓單推手搭手要點相同。

（三）甲 推

甲後腳蹬力，身體重心前移，左腿前弓，左手向乙右胸推按；同時，右手扶托乙左肘部，配合自己左手的動作，將乙左臂推按貼於其胸部。（圖10）

圖9　　　　　　　　圖10

21

(四)乙 化

乙左臂承接甲之按勁，重心後移，右腿後坐，上體左轉，擰腰、樓身、樓胯；同時，左臂回收翻掌（掌心向上），右手扶托甲左肘部，配合自己左手的動作，將甲雙手推按之勁吸化，使其不能觸及自己的胸部，且落空至自己身體之左側。（圖11）

(五)乙 推

乙乘勢後腳蹬力，腰向右擰轉，左腿前弓；左臂翻掌（掌心向前），向甲右胸推按；同時，右手扶托甲左肘部，配合自己左手的動作，將甲左臂推按貼於其胸部。（圖12）

圖11　　　　　　　圖12

(六)甲　化

甲左臂承接乙之按勁，重心後移，右腿後坐，上體左轉，擰腰、棲身、棲胯；同時，左臂回收翻掌（掌心向上），右手扶托乙左肘部，配合自己左手的動作，將乙雙手推按之勁吸化，使其不能觸及自己的胸部，且落空至自己身體之左側。（圖13）

(七)甲　推

與本組（三）動作相同。

(八)乙　化

與本組（四）動作相同。
如此循環，雙方推手形成平圓。

圖13

23

要 點

雙方「推按」時上體不可過分前傾。「吸化」時應注意轉腰、棲身、收胯，上體不可後仰，雙方手臂不可僵硬，粘連黏隨，不丟不頂；以腰帶臂，以臂帶手，協調一致。

24

第三組 相步四正手

以左腳在前，左撇為例；甲方在右，乙方在左。

(一)預備姿勢

甲、乙二人相對站立。二人距離以雙方握拳前平舉，拳面相接觸為準。身體自然放鬆，豎項提頂，下頜微收，目視對方。（圖14）

圖14

(二)搭　手

甲、乙二人身體均微向右轉，雙方將左腳向前邁出，兩腳內側相對，腳尖向前，兩腳相距 10～20 公分。爾後，雙方左手向前伸出，肘部微屈，手背相對，手腕交叉搭手與面部同高為宜。雙方右手扶於對方左肘部；同時，後腿屈膝下蹲；重心落於兩腳之間，偏於後腿。（圖 15）

(三)掤　法

雙方各含掤勁承接對方，且右手扶於對方左臂之肘部。設乙方掤勁略大於甲。（圖 16）

圖 15　　　　　　　圖 16

(四)将法（甲将）

甲雙手承接乙左手之掤勁，上體左轉；同時，左手翻轉用掌心粘貼於乙之左手腕，右手扶於乙之左肘部，順乙之掤勁，重心後移，屈後腿坐胯、轉腰（向左），將乙左臂向自己身體之左側引将，即成将法。（圖 17）

(五)擠法（乙擠）

乙隨甲之将勁，左腿前弓，重心前移，上體微右轉，右手脫開甲之左肘。爾後順甲之将勢，上體又向左擰轉，右手向自己左臂肘彎內側輔助，並以左前臂橫擠甲之胸部，將甲的将勁化解，此為擠法。（圖 18）

圖 17　　　　　圖 18

(六)按法（甲按）

甲順乙之擠勁，後坐、含胸、向右轉腰，同時雙手向下、向右按壓乙左前臂，使乙之擠勁落空。爾後，後腿蹬力，重心前移，向前推按乙左前臂欲將乙放出，此為按法。（圖 19、圖 20）

圖 19

圖 20

(七)掤法（拗步雙掤搭手）

　　乙用掤勁承接甲之按勁，重心後移，後腿屈膝後坐，用右手背接甲之右手，用右肘接甲之左手；騰出左手從下向左繞出扶於甲右肘部。

　　接著，後腿蹬力，重心略前移且向右轉腰，右臂掤住甲之按勁，循弧形路線向上、向右運轉，將甲之右臂掤起，此時雙方形成拗步雙掤搭手局面，此瞬間雙方均左腳在前掤右手腕交叉相搭於面前，雙方左手均扶於對方右肘部。（圖21、圖22）

圖21

圖22

（八）捋法（乙捋）

乙身體繼續右轉，右手翻轉用掌心粘貼於甲之右手腕處；左手扶於甲之右肘部，順甲之掤勁，重心後移，將甲右臂向自己身體之右側引捋，亦成捋法。（圖23）

（九）擠法（甲擠）

29

甲隨乙之捋勁，左腿前弓，重心前移，左手脫開乙之右肘，向自己右肘彎內側輔助，並向右轉腰以右前臂橫擠乙之胸部，將乙的捋勁化解，亦成擠法。（圖24）

圖23

圖24

(十)按法（乙按）

乙順甲之擠勁，後坐含胸，向左轉腰；同時，雙手向下、向左按壓甲右前臂，使甲之擠勁落空。爾後，後腿蹬力，重心前移，向前推按甲右前臂，欲將甲放出，此為按法（圖25、圖26）

(十一)掤法（相步雙掤搭手）

甲用掤勁承接乙之按勁，重心後移，後腿屈膝後坐，用左手背接乙之左手，用左肘接乙之右手，騰出右手，並從下向右繞出扶於乙之左肘部。接著，後腿蹬力，重心前

圖25

圖26

移，向左轉腰，左臂掤住乙之按勁，循弧形路線向上、向左運轉，將乙之左臂掤起，此時，雙方形成相步雙掤搭手（瞬間）局面（即回到開始時的姿勢）。（圖 27、圖 28）

（十二）捋法（甲捋）

與本組（四）動作相同。

如此反覆形成相步四正手的推手方法。

要　點

四正手的練習，雙方要做到粘、連、黏、隨，圓活連貫；上下相隨，左右呼應；重心的前後移動與腰的左右擰

圖 27

圖 28

轉，以及兩臂的掤、捋、擠、按必須協調統一。悉心體會掤、捋、擠、按相生相剋的變化規律，體會其中攻中有守，守中寓攻的內涵。

　　注：四正手可以換成順步或者另一撇的相步，還可變換推轉之方向。待定步練熟後，可做活步四正手的練習。

　　本書所講的相步四正手，有的人稱之為合步四正手。

第四組　托肘進步推胸與側身退步
　　　　立樁相互轉換

　　以左腳在前，左撇為例；甲方在右，乙方在左。（圖29）

圖29

32

（一）甲托肘進步推胸

當甲左手粘貼於乙之左腕且向左推轉時，甲用手腕滾轉之法，將乙左腕壓下且左掌露出並按放在乙之胸腹處；同時，甲右手推託住乙之左肘。爾後，甲後腳蹬力，進步、進身（前腳進步、後腳跟進），雙手配合一同向前推按，欲將乙放出。圖 30、圖 31）

圖 30

圖 31

(二)乙側身退步立椿

乙隨甲雙手推按之勁身體右轉，側身、撤步（先撤右腳，再撤左腳，且左腳為虛步，成為半馬步狀）；同時，左前臂隨之下繞成下立椿置於身體之左側，右手撲捉甲之左手；使甲左手不能推按自己的前胸，使甲右手推託自己左肘也失去意義。（圖32）

(三)乙托肘進步推胸

接上式不斷。乙乘勢向左轉身，左前臂上繞，將甲之左腕壓住，且露出左手；同時，右手推託住甲之左肘。爾

圖32

圖33

後，後腿蹬力，進步、進身；用左手推按甲之胸腹，右手推住甲之左肘，雙手配合一同向前推按，欲將甲放出。（圖33、圖34）

(四)甲側身退步立樁

甲隨乙雙手推按之勁，身體右轉，側身、撤步（先撤右腳，再撤左腳，且左腳為虛步，成為半馬步狀）；同時，左前臂隨之下繞成下立樁且置於自己身體之左側，右手撲捉乙之左手；使乙左手不能推按自己的前胸，使乙右手推託自己左肘也失去意義。（圖35）

圖34

圖35

(五)甲托肘進步推胸

接上式不斷。甲乘勢向左轉身，左前臂上繞，將乙之左腕壓住，且露出左手；同時，右手推託住乙之左肘。爾後，後腿蹬力，進步、進身；用左手推按乙之胸腹，右手推住乙之左肘，雙手配合一同向前推按，欲將乙放出。（圖36、圖37）

(六)乙側身退步立椿

與本組（二）動作相同。

如此反覆，甲、乙相互攻防轉換。

要　點

雙方不僵、不頂、不抗，進退自如、連貫，前臂的轉

圖36　　　　　圖37

繞應隨腰的轉動而轉動；下立椿的位置應在體側且稍靠前的位置，不可將臂貼於自己的身體，也不可太靠前或靠後。

注：托肘推胸為推手中常見的局面和常用的招法，但許多人不懂得此卸法或其他化解的方法，每當遇到此情況，便出現相持對頂的頂牛局面，這不符合太極推手的原理。

此法前人書中沒有講解，請特別注意。

37

第五組　甲、乙相互外領（橫採）

以左撇為例；甲方在右，乙方在左。

搭　手

甲、乙兩人身體均微向右轉，雙方將左腳向前邁出，兩人兩腳內側相對，腳尖向前，兩腳相距 10～20 公分。爾後，雙方左手向前伸出，肘部微屈，手背相對，手腕交叉搭手與胸同高；同時，後腿屈膝下蹲，重心落於兩腳之間，偏於後腿；兩人右手均自然放鬆置於腹前。（圖38）

圖38

(一)甲外領

甲左手抓住乙之左腕，向自己左側領乙左臂；同時，向左擰腰，重心後移，將乙領橫。（圖39）

(二)乙鬆肩

乙順甲外領之力，鬆肩；同時，腰向右擰，重心前移，目視甲之眼神，將甲外領之力卸化。（圖40）

(三)乙外領

乙左手反腕抓握甲之左腕，向自己左側領甲左臂；同時，向左擰腰，重心後移，將甲領橫。（圖41）

(四)甲鬆肩

甲順乙外領之力，鬆肩；同時，腰向右擰，重心前

圖39

圖40

移，目視乙之眼神，將乙外領之力卸化。（圖42）

(五)甲外領

與本組（一）動作相同。

(六)乙鬆肩

與本組（二）動作相同。

如此反覆，甲外領乙鬆肩，乙外領甲鬆肩。

要　點

領者要將對方領橫，化者要鬆肩，不可僵力。

注： 外領即為橫採，為八卦太極拳特有常用的手法。

圖41　　　　　　　　圖42

第六組　甲、乙相互外領（橫採）
　　　　雙手撞肩

以左撇為例；甲方在右，乙方在左。

搭　手

　　甲、乙兩人身體均微向右轉，雙方將左腳向前邁出，兩人兩腳內側相對，腳尖向前，兩腳距離 10～20 公分。爾後，雙方左手向前伸出，肘部微屈，手背相對，手腕交叉搭手與肩同高；同時，後腿屈膝下蹲，重心落於兩腳之間，偏於後腿；兩人右手均自然放鬆置於腹前。（圖 43）

圖43

（一）甲跨步外領

甲左手抓握乙之左腕，後腳（右腳）向右前方跨步（即乙之左側），同時腰向左擰轉，左腳虛於右腳前；左手將乙之左臂向自己左側領橫，右手仍在右腹前。（圖44）

（二）乙鬆肩隨化

乙順甲外領之力，左臂鬆肩跟隨；同時，向右稍擰腰，重心略向前移，目視甲之眼神，將甲外領之力卸化。（圖45）

圖44

圖45

(三)甲進步雙撞掌

甲後腳（右腳）蹬力，向前欺身，左腳向前（乙左腿後）進步，右腳跟步；同時，雙手向乙左肩外推撞。（圖46、圖46附圖）

42

圖 46

圖 46 附圖

(四)乙跨步外領

乙後腳（右腳）向前上扣步；同時，向左擰腰轉身，左腳虛於右腳前，左手粘連甲之左手並反腕抓握甲之左腕，將甲左臂向自己左側領橫，此時乙右手仍在右腹前。這樣乙不但將甲雙撞化解，而且變守為攻。（圖47）

43

(五)甲鬆肩隨化

甲順乙外領之力，左臂鬆肩跟隨；同時，向右稍微擰腰，重心略向前移，目視乙之眼神，將乙外領之力卸化。（圖48）

圖 47

圖 48

(六)乙進步雙撞掌

乙後腳（右腳）蹬力，向前欺身；左腳向前（甲左腳後）進步，右腳跟步；同時，雙手向甲左肩外推撞。（圖49）

(七)甲跨步外領

甲後腳（右腳）向前上扣步；同時，向左擰腰轉身，左腳虛於右腳前；左手粘連乙之左手並反腕抓握乙之左腕，將乙左臂向自己左側領橫，此時甲右手回到右腹前。這樣甲不但將乙雙撞化解而且又變守為攻。（圖50）

圖49

圖50

(八)乙鬆肩隨化

與本組（二）動作相同。

(九)甲進步雙撞掌

與本組（三）動作相同。

(十)乙跨步外領

與本組（四）動作相同。

這樣甲、乙循環反覆，雙方均圍繞對方體側運動，形成腳下轉圓軌跡。

要　點

外領時要將對方領橫，使對方的手腕與自己肩同高，且到自己體側；被領者鬆肩時，應保持墜肘，且不可向回奪；反腕抓握，即反領對方時，應緊隨對方領己之手且上步撐腰。

特別提示

此法為八卦太極拳所特有的招法。它敢於將自己的側面給人，同時又使對方得不到。可見其捨己從人，引進落空更勝一籌。

第七組　甲、乙相互捧推

以左撇為例；甲方在右，乙方在左。

搭　手

甲、乙兩人身體均微向右轉，雙方將左腳向前邁出，兩人兩腳內側相對，腳尖向前，兩腳距離10～20公分。爾後，雙方左手向前伸出，肘部微屈，手背相對，手腕交叉搭手與肩同高；同時，後腿屈膝下蹲，重心落於兩腳之間，偏於後腿；兩人右手均自然放鬆置於腹前。（圖51）

(一)甲跨步外領

甲左手抓握乙之左腕，後腳（右腳）向右前方跨步

圖51　　　　　　　　圖52

（即乙之左側），同時腰向左擰轉，左腳虛於右腳前；左手將乙之左臂向自己左側領橫，右手仍在右腹前。（圖52）

(二)乙鬆肩隨化

乙順甲外領之力，左臂鬆肩跟隨，同時向右稍擰腰，重心略向前移，目視甲之眼神，將甲外領之力卸化。（圖53）

(三)甲進步捧推

甲後腳（右腳）蹬力，向前欺身，左腳向前（乙左腿後）進步，右腳跟步；同時，雙手向乙左側腰肋捧推。（圖54）

圖53　　　　　　　　　圖54

(四)乙撤步下立

乙後腳（右腳）向自己右後方撤步，左腳也隨之撤步並虛於右腳前；同時向左擰腰，左手粘隨甲之左手腕（或前臂），下立於自己左側胯旁，將甲雙手捧推撥開。（圖55）

(五)乙進步捧推

乙後腳（右腳）蹬力向前欺身，左腳向前（甲左腿後）進步，右腳跟步，同時，雙手向甲左側腰肋捧推。（圖56、圖56附圖）

圖55   圖56

(六)甲撤步下立

甲後腳（右腳）向自己右後方撤步，左腳也隨之撤步並虛於右腳前；同時向左擰腰，左手粘隨乙之左手腕（或前臂），下立於自己左側胯旁，將乙雙手捧推卸開。（圖57）

(七)甲進步捧推

與本組（三）動作相同。

(八)乙撤步下立

與本組（四）動作相同。

圖56附圖

圖57

(九)乙進步捧推

與本組（五）動作相同。

(十)甲撤步下立

與本組（六）動作相同。

這樣甲、乙相互捧推，循環反覆，雙方均圍繞對方體側運動，形成腳下轉圓軌跡。

要　點

下立時，自己的手要緊隨對方同側的手腕與之粘連，將其撥開，即護住自己的體側腰肋，使對方雙手無法捧推；同時也不可將對方撥得離自己體側太遠。

注：捧推是雙手推按的一種方法。是向對方身側腰肋部位推按的手法。手型為雙手橫掌，掌根相對，手心向前，拇指向上。

第八組　外領單撞掌與（摟身）倒捲肱相互攻卸

以左撤為例；甲方在右，乙方在左。

搭　手

甲、乙兩人身體均微向右轉，雙方將左腳向前邁出，

兩人兩腳內側相對，腳尖向前，兩腳距離 10～20 公分。爾後，雙方左手向前伸出，肘部微屈，手背相對，手腕交叉搭手與肩同高；同時，後腿屈膝下蹲，重心落於兩腳之間，偏於後腿；兩人右手均自然放鬆置於腹前。（圖 58）

(一)甲跨步外領

甲左手抓握乙之左腕，後腳（右腳）向右前方跨步（即乙之左側）；同時腰向左擰轉，左腳虛於右腳前；左手將乙之左臂向自己左側領橫，右手仍在右腹前。（圖59）

圖 58

圖 59

(二)乙鬆肩隨化

乙順甲外領之力，左臂鬆肩跟隨；同時向右稍微擰腰，重心略向前移，目視甲之眼神，將甲外領之力卸化。（圖60）

(三)甲進步單撞掌

甲後腳（右腳）蹬力，向前欺身，左腳向前進步，右腳跟步；同時，右手向乙左肩放單撞掌。（圖61、圖61附圖）

圖60

圖61

圖61附圖

(四)乙(棲身)倒捲肱

乙後腳（右腳）向前（自己左腳前）上扣步，並且以腳掌為軸向內碾轉；同時向左擰腰，棲身、收（左）胯，提左腿向後撤步；左臂沉肩、墜肘、翻掌（掌心向上）、抽臂；右掌向右上畫弧，經自己頭上、頭前翻掌（掌心向前，拇指向下），向甲面部和胸部放掫掌。這樣不但卸開甲的進步單撞掌，而且也是守中有攻。（圖62、圖63）

圖62

圖63

53

(五)甲跨步外領

當乙右掌向甲面部或胸部攻擊時，甲欲撞乙外肩的右手迅速變為抓握乙之右腕；同時，左腳向左前方跨步（即乙之右側），腰向右擰轉，右腳虛於左腳前；右手將乙之右臂向自己右側領橫，卸開乙之掤掌，此時左手回到左腹前。（圖64）

(六)乙鬆肩隨化

乙順甲外領之力，右臂鬆肩跟隨；同時向左稍擰腰，重心略向前移，目視甲之眼神，將甲外領之力卸化。（圖65）

圖64　　　　　　　圖65

54

(七)甲進步單撞掌

甲後腳（左腳）蹬力，向前欺身，右腳向前進步，左腳跟步；同時左手向乙右肩放單撞掌。（圖66）

(八)乙（棲身）倒捲肱

乙後腳（左腳）向前（自己右腳前）上扣步，並且以腳掌為軸向內碾轉；同時向右撐腰、棲身、收（右）胯，提右腿向後撤步；右臂沉肩、墜肘、翻掌（掌心向上）、抽臂；左掌向左上畫弧，經自己頭上、頭前翻掌（掌心向前、拇指向下）向甲面部或胸部放搬掌。這樣不但卸開甲的進步單撞掌，而且也是守中有攻。（圖67）

圖66 圖67

(九)甲跨步外領

當乙左掌向自己面部或胸部攻擊時，甲欲撞乙外肩的左手迅速變為抓握乙之左腕；同時，右腳向右前方跨步（即乙之左側），腰向左擰轉，左腳虛於右腳前；左手將乙之左臂向自己左側領橫，卸開乙之掖掌，此時右手回到右腹前。（圖68）

(十)乙鬆肩隨化

與本組（二）動作相同。

(十一)甲進步單撞掌

與本組（三）動作相同。

圖68

(十二)乙（棲身）倒捲肱

與本組（四）動作相同。

這樣，雙方左右交替，甲外領單撞掌，乙（棲身）倒捲肱，相互攻卸，循環反覆。

要　點

外領要將對方領橫，使自己的手腕與自己的肩同高，且到自己的體側。棲身倒捲肱，應注意棲身、棲胯、沉肩、墜肘、抽臂和另一手的掀掌協調一致。

注：此棲身倒捲肱原名為翻身倒捲肱（倒攆猴），體現出八卦太極拳的風格，也體現了人體多維球體運動的協調統一。

特別提示

甲方（在實際運用時）可將（一）、（三）同時做出。此時，乙方應將（二）、（四）動作一氣呵成，雙方你來我往，體現出八卦太極拳特有的輕巧善變。

第九組　撇步外領與下繞托肘，
　　　　相互攻卸

以左撇為例；甲方在右，乙方在左。

搭 手

甲、乙兩人身體均微向右轉，雙方將左腳向前邁出，兩人兩腳內側相對，腳尖向前，兩腳距離 10～20 公分。爾後，雙方左手向前伸出，肘部微屈，手背相對，手腕交叉搭手與肩同高；同時，後腿屈膝下蹲，重心落於兩腳之間，偏於後腿；兩人右手均自然放鬆置於腹前。（圖 69）

(一) 甲跨步外領

甲左手抓握乙之左腕，後腳（右腳）向右前方（即乙之左側）跨步；同時腰向左擰轉，左腳虛於右腳前，左手將乙之左臂向自己左側領橫，右手仍在右腹前。（圖 70）

圖 69　　　　　　圖 70

（二）乙下繞托肘

乙順甲外領之力，左臂鬆肩跟隨，接著左腳向前墊步，身體左轉，右腳（後腳）向前上步，使右膝吃住甲左腿；同時右手托拿甲之左肘，左臂沉肩、墜肘、下繞，配合右臂托拿甲之左臂。（圖71、圖72、圖73）

圖71

圖72

圖73

(三)甲撤步外領

甲右手從自己左肘下偷採乙之右腕,同時左腳向自己左後方撤步,逃脫乙右腿對自己的管制。右腳也隨之撤步,並虛於左腳前;右手將乙之右臂向自己右側領橫,使自己回到乙之右側。(圖74、圖75)

60

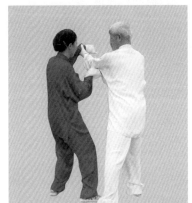

圖74

圖75

(四)乙下繞托肘

乙順甲外領之力，右臂鬆肩跟隨，接著右腳向前墊步，身體右轉，左腳（後腳）向前上步，使自己左膝管住甲之右腿；同時左手托拿甲之右肘，右臂沉肩、墜肘、下繞，配合左臂托拿甲之右臂。（圖76、圖77）

61

圖 76

圖 77

(五)甲撤步外領

甲左手從自己右肘下偷採乙之左腕，同時右腳向自己右後方撤步，逃脫乙左腿對自己的管制；左腳也隨之撤步並虛於右腳前；左手將乙之左臂向自己左側領橫，使自己又到乙之左側。（圖78、圖79）

(六)乙下繞托肘

與本組（二）動作相同。

(七)甲撤步外領

與本組（三）動作相同。

圖78

圖79

(八)乙下繞托肘

與本組（四）動作相同。

這樣雙方相互攻卸，左、右交替循環反覆。

要　點

外領者，從自己肘下偷手抓握對方，並向自己斜後方撤步，逃出對方對自己腿的管制。下繞者，應沉肩、墜肘，同時另一腳上步，樓身下繞被領之臂，切不可回奪被領之臂。

注：此項練習，（一）為向斜前方跨步，爾後（三）、（五）為向斜後方撤步，與（二）、（四）、（六）形成循環反覆，此式，體現出八卦太極拳的風格。

第十組　甲、乙雙手相互推按

以雙方左腳在前，左撤為例；甲方在右，乙方在左。

搭　手

甲、乙兩人身體均微向右轉，雙方將左腳向前邁出，兩腳內側相對，腳尖向前，兩腳相距 10～20 公分。爾後，雙方左手向前伸出，肘部微屈，手背相對，手腕交叉搭手與面部同高為宜；各自右手扶於對方左肘部；同時後腿屈膝下蹲，重心落於兩腳之間，偏於後腿。（圖80）

圖 80

(一)甲雙手推按,乙後坐外開

甲雙手按壓在乙雙臂肘彎上,後足蹬力,重心前移,欺身向前推按欲將乙放出。與此同時,乙重心後移,後腿後坐,雙手從甲兩臂內側外開翻掌(掌心向上)回收,將甲之按勁化解。(圖81、圖82)

(二)乙雙手推按、甲棲身分切

接上式不斷。乙乘勢後腿蹬力,重心前移,左腿前弓;同時,兩臂翻掌(掌心向前),向甲胸部推按放雙撞掌。與此同時,甲重心後移,後腿後坐,棲身,雙手跟隨乙之雙臂屈臂回收(掌心向內),內分、切掛乙之雙腕,亦將乙之按勁化解。(圖83、圖84)

圖 81

圖 82

圖 83

圖 84

(三)甲雙手推按，乙後坐外開

接上式不斷。甲乘勢後腿蹬力，重心前移，左腿前弓；同時，兩臂翻掌（掌心向前）向乙胸部推按，放雙撞掌。與此同時，乙重心後移，後腿後坐，雙手從甲兩臂內側外開翻掌（掌心向上）回收，將甲之按勁化解。（圖85、圖86）

(四)乙雙手推按，甲棲身分切

與本組（二）動作相同。
如此循環反覆，甲、乙相互推按。

圖85   圖86

要　點

雙方在做推按時，身體不可過分前傾；後坐化解時，身體不可後仰；前腿視情況可回收，虛於後腿之前。當內分、切掛對方推按時，應注意棲胸（即含胸）。雙方進退相隨，粘連黏隨，以腰帶臂，以臂帶手，協調一致。

67

第十一組　甲、乙（雙方）雙臂上繞循環練習

以左撇為例；甲方在右，乙方在左。

由雙手互相推按，當乙雙手推按甲前胸時，甲後腿後坐，重心後移棲身；同時，雙手粘隨乙之雙臂，屈臂（掌心向內）內分切掛乙之雙腕，將乙推按之勁化解。（圖87）

圖 87

(一)甲雙風貫耳

接上式不斷。甲順勢雙手粘住敷壓並沿著乙之雙臂，從下向上、從外向內上繞使雙風貫耳向乙耳部攻擊。（圖88、圖89）

(二)乙雙臂粘隨上繞

乙速粘隨甲之雙手亦隨之上繞，從外向內、從上向下內分切掛甲之雙腕，將甲雙風貫耳化解。（圖90、圖91）

(三)甲雙風貫耳

當甲雙手被乙分切至腹前時，乘勢再次雙臂上繞由下向上、由外向內使雙風貫耳向乙耳部攻擊。（圖92）

圖88

圖89

圖 90

圖 91

圖 92

(四)乙雙臂粘隨上繞

乙速粘隨甲之雙手亦隨之上繞，從外向內、從上向下內分切掛甲之雙腕，將甲雙風貫耳化解。（圖93、圖94）

(五)甲雙風貫耳

與本組（三）動作相同。

(六)乙雙臂粘隨上繞

與本組（四）動作相同。

如此，甲雙風貫耳、乙隨之雙臂上繞循環反覆。

要　點

甲、乙雙方實際均為雙臂上繞，且雙方雙手、手腕及

圖93

圖94

前臂始終粘連黏隨不斷。當甲做雙風貫耳時，甲雙手在內，乙雙手在外。當乙分切後，乙雙手在內，甲雙手在外。

　　注：此訓練也可做活步練習，即甲進步雙風貫耳，乙退步棲身雙臂粘隨上繞分切。

　　另此式（一）甲雙風貫耳，甲順勢雙手粘住、敷壓乙之雙臂，如若不能敷壓乙之雙臂，則乙乘勢即可先做雙風貫耳，那麼，甲就變為粘隨上繞分切乙之雙腕。

第十二組　甲、乙雙臂相互任意纏繞

　　以左撇為例；甲方在右，乙方在左。

　　由四正手，當甲、乙兩人中的一人改變四正手的掤、捋、擠、按運行路線時，往往形成甲雙手在外敷壓乙之雙腕（或前臂）；或乙之雙手在外敷壓甲之雙腕（或前臂）；或兩人各有一手敷壓對方順撇之腕（或前臂）且另一腕（或前臂）被對方順撇之手敷壓的局面。

　　但這個局面仍然是在粘、連、黏、隨中相互纏繞運動的，並非停止的，很多人把這種推法叫做「散推」或「散揉」。（圖95、圖96、圖97）

　　這種散推的區間一般是在雙方的胸部至腹部之間，它的方法是雙方沉肩、墜肘、用手、腕及前臂撥、壓、切、掛相互纏繞，配合腰部協調運動，在粘、連、黏、隨中聽勁、判斷、尋找機會。

　　現舉一例。雙方均左腳在前；甲方在右，乙方在左。

圖 95　　　　　　　　　圖 96

圖 97　　　　　　　　　圖 98

　由四正手，甲左手腕內側搭於乙右腕（前臂）外側，乙左手腕內側搭於甲右手腕（前臂）外側。（圖98）

甲左掌內撥、切壓、外掛、上纏乙之右腕（或前臂），控制乙之右前臂；乙右臂隨甲左掌的內撥、切壓、外掛、上纏與之粘連不斷，按照甲的意志運動，尋求機會變化。與此同時，乙之左掌內撥、切壓、外掛、上纏甲之右腕（或前臂），控制甲之右前臂；甲右臂隨乙左掌的內撥、切壓、外掛、上纏與之粘連不斷，按照乙的意志運動，尋求機會變化。

如此反覆，連綿不斷。（圖 99、圖 100、圖 101）

圖 99

圖 100

圖 101

注：以上為同時的動作，沒有先後之分。假若運動規律發生變化，也無關緊要，只要雙方兩臂在粘、連、隨、黏中纏繞即可。

要　點

雙方沉肩、墜肘，兩臂放鬆，不可僵硬；撥、壓、掛、纏，粘、連、黏、隨，腰須放鬆，兩臂協調一致。

特別提示

散推是太極推手中常用的手法，但前人的書籍中很少有此介紹。

凡是在粘、連、黏、隨中隨心所欲進行的推手，都叫做「散推」或「散揉」。

第十三組　行步牽捋與行步擠靠

以雙方左腳在前，左撇為例；甲方在右，乙方在左。（圖102）

當甲向左推轉時，甲左手採住乙之左腕，右手托握乙之左肘關節部位，向左轉回身180°，盤提左腿，向相反方向牽捋乙之左臂，行走三步，其步法先後順序為左、右、左；同時，乙右手

圖102

74

護於左肘部，跟隨甲之牽捋，也行走三步；向甲擠靠。其
步法先後順序為右、左、右。此時甲乙並排而行。（圖
103、圖 104、圖 105、圖 106）

圖 103

圖 104

圖 105

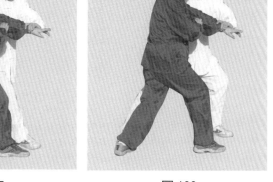

圖 106

當甲、乙雙方同時行走三步後，雙方同時相對回身
（即甲向右回身，乙向左回身）換方向推轉。（圖 107、
圖 108、圖 108 附圖）

圖 107

圖 108

圖 108 附圖

甲右手採住乙之右腕，左手托握乙之右肘關節部位，牽捋乙之右臂行走三步，其步法先後順序為右、左、右；同時，乙左手護於右肘部，跟隨甲之牽捋也行走三步，向甲擠靠，其步法先後順序為左、右、左。（圖109、圖110、圖111）

如此往來反覆，練習行步牽捋與行步擠靠。

注：此法，甲、乙雙方可往返一次交換牽捋或擠靠位置，也可來時甲牽捋乙，往時乙牽捋甲。

圖 109

圖 110

圖 111

要　點

　　雙方上肢：牽挒者要協調、自然、圓活、順當，不可生硬；擠靠者要順隨、嚴謹、護肘貫注擠靠意識。雙方步法要對稱、協調、輕捷、一致。

第十四組　甲、乙相互大挒
（即四隅大挒）

　　以雙方左腳在前，左撤為例；甲方在右，乙方在左。（圖 112）

圖 112

（一）甲撤左步左大将，乙上左步跟隨擠靠

當甲左手採住乙之左腕，右手握住乙之左肘關節部位時，甲左腳（前腳）向自己右後方背步後撤，使自己的後腳（右腳）變為前腳，並且向後蹬力，隨自己左腳一同倒步後撤，並虛於左腳前，雙手使用左側大将雙帶乙之左臂；與此同時，乙右手護於自己左肘彎部位，左腳跟隨甲之撤步方向向前上一大步，並且右腳跟進；用左肩向甲擠靠，將甲左側大将化解。（圖113、圖114）

（二）甲上左步左臂蓋掌，乙撤左步左臂撩撥

甲右腳外擺並落實，左腳向乙左腿後上步，同時鬆開握乙腕之左手，隨同左腳的上步與進身向乙使迎面掌或蓋掌；與此同時，乙左腳向後蹬力回撤，向左轉身，左臂粘

圖 113

圖 114

連甲之左手並順隨其蓋掌之力向上撩撥；同時，反腕採握
甲之左腕，右手握住甲之左肘關節部位，將甲之蓋掌卸
開。（圖115、圖116、圖117）

圖 115

圖 116

圖 117

（三）甲撤右步右大捋，乙上右步跟隨擠靠

甲右腳向自己左後方背步；右手從自己左肘下掏採乙之右腕；同時，左手從上繞至乙右肘關節部位並將其抓握住。爾後，左腳向後蹬力倒步，隨自己右腳一同後撤並虛於右腳前，雙手使用右側大捋雙帶乙之右臂。與此同時，乙左手護於自己右肘彎部位，右腳跟隨甲之撤步方向向前上一大步，左腳跟進，用右肩向甲擠靠，將甲右側大捋化解。（圖118、圖119）

圖 118

圖 119

(四)甲上右步右臂蓋掌，乙撤右步右臂撩撥

甲左腳外擺並落實，右腳向乙右腿後上步；同時，鬆開握乙腕之右手，隨同上步與進身向乙使迎面掌或蓋掌。與此同時，乙右腳向後蹬力回撤，向右轉身，右臂粘連甲之右手，順隨其蓋掌之力向上撩撥，同時反腕採握甲之右腕，左手握住甲之右肘關節部位，將甲之蓋掌卸開。（圖120、圖121）

(五)乙撤右步右大将，甲上右步跟隨擠靠

接上式不斷。乙乘勢左腳向後蹬力，右腳向左後方背步後撤，左腳也隨之後撤，並虛於自己的右腳前；雙手使右側大将雙帶甲之右臂。與此同時，甲左手護於自己右肘

圖120

圖121

彎部位，右腳跟隨乙之撤步方向向前上一大步，左腳跟
進，用右肩向乙擠靠，將乙右側大将化解。（圖 122、圖
123）

圖 122

圖 123

(六)乙上右步右臂蓋掌，甲撤右步右臂撩撥

乙左腳外擺並落實，右腳向甲右腿後上步；同時，鬆開握甲右腕之右手隨向甲使迎面掌或蓋掌。與此同時，甲右腳向後蹬力回撤，向右轉身；右臂粘連乙之右手，並順隨其蓋掌之力向上撩撥，同時反腕採握乙之右腕，左手握住乙之右肘關節部位，將乙蓋掌卸開。（圖124、圖125、圖126）

圖 124

圖 125

圖 126

（七）乙撤左步左大捋，甲上左步跟隨擠靠

乙左腳向自己的右後方背步；左手從自己右肘下掏採甲之左腕；同時，右手從上繞至甲左肘關節部位並將其抓握住。爾後，右腳向後蹬力倒步，且隨自己左腳一同後撤並虛於左腳前，雙手使用左側大捋雙帶甲之左臂。與此同時，甲右手護於自己左肘彎部位，左腳跟隨乙之撤步方向向前上一大步，右腳跟進，用左肩向乙擠靠，將乙左側大捋化解。（圖127、圖128）

圖127

圖128

（八）乙上左步左臂蓋掌，甲撤左步左臂撩撥

乙右腳外擺並落實，左腳向甲左腿後上步；同時，鬆開握甲左腕之左手，隨同上步與進身向甲使迎面掌或蓋掌。與此同時，甲左腳向後蹬力回撤，向左轉身，左臂粘連乙之左手，順隨其蓋掌之力向上撩撥，同時反腕採握乙之左腕，右手握住乙之左肘關節部位，將乙之蓋掌卸開。（圖129、圖130、圖131）

圖129

圖130

圖131

(九)甲撤左步左大将，乙上左步跟隨擠靠

接上式不斷。甲乘勢右腳向後蹬力，隨左腳向自己右後方背步一同後撤，並虛於左腳前，雙手使用左側大将雙帶乙之左臂。與此同時，乙右手護於自己左肘彎部位，左腳跟隨甲之撤步方向向前上一大步，右腳跟進，向甲擠靠，將甲左側大将化解。（圖 132、圖 132 附圖）

87

圖 132

圖 132 附圖

(十)甲上左步左臂蓋掌，乙撤左步左臂撩撥

與本組（二）動作相同。

(十一)甲撤右步右大捋，乙上右步跟隨擠靠

與本組（三）動作相同。

(十二)甲上右步右臂蓋掌，乙撤右步右臂撩撥

與本組（四）動作相同。

如此反覆交替練習。

要　領

此四隅大捋雙方必須將粘、連、隨、黏貫穿整個過程。大捋者要順，且前手須將對方肘部支出，使其不得靠撞己身。擠靠者要隨，且被捋之臂須保持肘部稍有屈度，以免在被捋之時肘部受傷。

特別提示

此四隅大捋步法清楚，手法巧妙、獨特，與其他書中介紹的捋法不僅僅是動作、姿勢的不同，更重要的是手、眼、身法、步的不同。此四隅大捋為武之真諦，是我之恩師徐明橋老先生不同於他人的傳授。欲想捋人制勝，必遵此法，而那種「虛捋」的手法是不實際的，也不符合中國武術的內涵。

第十五組　採腕托肘與轉身靠

以雙方左腳在前，左撇為例；甲方在右，乙方在左。

搭　手

甲、乙兩人身體均微向右轉，雙方將左腳向前邁出，兩人兩腳內側相對，腳尖向前，兩腳距離10～20公分。爾後，雙方左手向前伸出，肘部微屈，手背相對，手腕交叉搭手與肩同高；同時，後腿屈膝下蹲，重心落於兩腳之間，偏於後腿；兩人右手均自然放鬆置於腹前。（圖133）

圖133

(一)甲採腕托肘

甲左手採乙左腕，上右步至乙左腿後，同時右手托拿乙左肘。（圖134）

(二)乙轉身靠

乙借甲托肘之力乘勢右轉身180°；同時左腳圈步內扣變為後腳，且碾轉蹬力。隨即進右步跟左步，用肩（胯）向甲衝靠。（圖135）

圖134

圖135

(三)甲馬步立椿

甲立即向左轉身擰椿，裹肩、右臂下立且重心下沉成馬步，將乙之靠撞化解。（圖136）

(四)甲採腕托肘

甲退右步，右手採乙右腕，左手托拿乙右肘。（圖137）

91

圖136

圖137

(五)乙轉身靠

乙借甲托肘之力，乘勢左轉身 180°；同時右腳圈步內扣變為後腳，且碾轉蹬力。隨即進左步跟右步，用肩（胯）向甲衝靠。（圖 138）

(六)甲馬步立樁

甲立即向右轉身擰樁，裹肩、左臂下立且重心下沉成馬步，將乙之靠撞化解。（圖 139）

(七)甲採腕托肘

甲退左步，左手採乙左腕，右手托拿乙左肘。（圖 140）

圖 138

圖 139

圖 140

(八) 乙轉身靠

與本組（二）動作相同。

(九) 甲馬步立樁

與本組（三）動作相同。

如此反覆，甲乙可互換。

要　點

乙借甲托肘之力，轉身圈步落腳時應選擇好合適的位置，不可離甲太遠，也不可離甲太近。衝靠時為避免傷害，甲乙雙方不許出肘。

太極推手對練套路之一

起　勢

　　甲、乙雙方相距約六步，併步站立（甲右乙左）。雙方同時雙臂緩緩側平舉，掌心向下。

　　當雙臂與肩平時，兩臂緩緩上翻，掌心向上，同時雙臂略向前收，繼續緩緩上舉，至頭上、頭前，兩掌相對。爾後右掌虛壓在左掌背上，經頭前，胸前，緩緩下沉至小腹。（圖 141、圖 142、圖 143、圖 144、圖 145）

圖 141

圖 142

圖 143

圖 144

圖 145

注：當雙掌下降至胸前時，雙腿亦隨之屈膝下蹲，雙掌下沉到小腹止，此時兩臂與兩腿應協調一致。

爾後，兩腿緩緩蹬直，兩掌由下沉變為掌心向上，緩緩收提至小腹處，然後雙臂放鬆使其自然下垂至體側。

甲右腳向右開步，與肩同寬；乙左腳向左開步，與肩同寬。爾後，甲乙同時雙臂緩緩向前平舉，掌心向下，與肩同高，與肩同寬。隨後兩腿屈膝下蹲，兩臂隨之下沉、墜肘（肘微墜，兩肘下墜與膝相對），兩手下按至腹前，上體保持中正。（圖146、圖147、圖148、圖149）

接上式不斷。甲、乙分別在體前抱球，甲左手在上，右手在下，右腳虛步；乙右手在上，左手在下，左腳虛步。（圖150）

圖146

圖147

圖148

圖 149

圖 150

甲、乙分別同時做右、左攬雀尾，然後再同時做左、右攬雀尾。（圖151、圖152、圖153、圖154、圖155）

圖151

圖152

圖 153

圖 154

圖 155

接下來甲做右雲手，乙做左雲手。各進三步搭手。
（圖156、圖157）

圖 156

要　點

　　雲手時前臂要邊雲邊立起（即逐漸立大於橫）且隨腰之擰轉而轉動，不同於其他派別太極拳之雲手。

　　注：此時甲視距離遠近決定上步或換步，至甲乙均左腳在前，左手腕相搭。右手分別扶對方左肘。

圖 157

第一組　相步四正手

　　雙方左腳在前，左右各推三周。

(一)以甲為準，向左先推

1. 乙掤。（圖 158）　　　　2. 甲捋。（圖 159）

3. 乙擠。（圖 160）　　　　4. 甲按。（圖 161）

5. 拗步雙掤（甲掤）。（圖 162）

6. 乙捋。（圖 163）　　　7. 甲擠。（圖 164）

8. 乙按。（圖 165）

如此反覆，循環三周，變為四正手向右推轉。

圖 158　　　　　　圖 159

圖 160　　　　　　圖 161

圖 162

圖 163

圖 164

圖 165

(二)以甲爲準，向右推轉

1. 甲掤。　　　　　　　　2. 乙捋。

3. 甲擠。　　　　　　　　4. 乙按。

5. 相步雙掤（乙掤）。　　6. 甲捋。

7. 乙擠。　　　　　　　　8. 甲按。

如此反覆，循環三周。

第二組　甲、乙相互推按（定步）

（一）接上式不斷。甲用如封似閉將乙前胸敞開後，雙手再向乙胸部推按。（圖166、圖167）

（二）乙棲身後坐，雙手粘隨甲之雙臂，屈臂回收切掛甲之雙臂，將甲雙手推胸化解。（圖168）

圖166

圖167

（三）接上式不斷。乙乘勢後腿蹬力，雙手向甲胸部
推按。（圖169）

（四）甲用如封似閉又將乙前胸敞開後，雙手再向乙
胸部推按。（圖170、圖171）

圖168

圖169

圖170

圖171

圖172

（五）乙摟身後坐，雙手粘隨甲之雙臂，屈臂回收切掛甲之雙臂，將甲雙手推胸化解。（圖172）

第三組　甲、乙活步雙臂循環上繞

（一）乙進步雙風貫耳，甲退步雙臂粘隨上繞

接上式不斷。乙順勢雙手敷壓並沿著甲之雙臂從下向上、從外向內上繞，進步使雙風貫耳向甲耳部攻擊。（圖173）

甲退步雙手速粘隨乙之雙手也隨之上繞，從外向內、從上向下內分、切掛乙之雙腕，將乙雙風貫耳化解。（圖174）

如此循環反覆，乙連續進步三次使用雙風貫耳。甲連

圖 173　　　　　　　圖 174

續退步，雙手粘隨上繞三次，將乙雙風貫耳化解。

(二)甲進步雙風貫耳，乙退步雙臂粘隨上繞

　　當甲第 3 次化解乙之
雙風貫耳，將乙之雙腕內
分、切掛之後，順勢雙手
敷壓並沿著乙之雙臂從下
向上、從外向內上繞，進
步使雙風貫耳向乙耳部攻
擊。（圖 175）

圖 175

圖176

乙退步，雙手速粘隨甲之雙手上繞，從外向內、從上向下內分、切掛甲之雙腕，將甲雙風貫耳化解。（圖176）

如此循環反覆，甲連續進步五次使用雙風貫耳。乙連續退步，雙手粘隨上繞五次，將甲雙風貫耳化解。

第四組　甲、乙活步雙臂體前散揉

(一)乙進步，甲退步

接上式不斷。當乙連續退步第五次將甲雙風貫耳化解後，立即主動改變原來的雙臂運行路線；並且連續進步、進身，用撥、壓、掛、纏的方法，雙手分別纏繞，控制甲

圖 177　　　　　　　　圖 178

之雙手、腕或前臂（邊進步，邊纏繞，邊控制）。甲則連續退步，且邊退步，邊粘隨，並與乙之雙手相互纏繞，尋求機會，尋求變化。（圖 177）

這樣循環反覆，乙五次進攻，甲五次化解。

(二)甲進步，乙退步

當甲第五次化解乙之進步「散揉」後，甲由退步改為進步，也用撥、壓、掛、纏的方法，雙手分別纏繞、控制乙之雙手，使乙處於連續退步，且邊退步，邊粘隨，並與甲之雙手相互纏繞，尋求機會，尋求變化。（圖 178）

這樣循環反覆，甲三次進攻，乙三次化解。此時甲、乙二人回到搭手時的位置，變為雙方均左腳在前的相步四正手推手。（圖 179）

圖179

第五組　甲、乙定步平圓單推手

（一）甲、乙左手平圓單推手（定步）

接上式不斷。甲乘右手騰出之機（即只有左臂承接乙單手或雙手時），重心後移，右腿後坐，撑腰，棲身，棲胯，上體左轉；同時，左臂收回翻掌（掌心向上），將乙之左掌吸引至身體左側，使乙之右掌脫開甲之左肘。爾後，按照

1. 甲推。（圖180）　　2. 乙化。（圖181）
3. 乙推。（圖182）　　4. 甲化。（圖183）
5. 甲推。

圖 180

圖 181

圖 182

圖 183

6. 乙化……的順序循環反覆五周。

雙方左手單推為一平圓軌跡。

當甲、乙左手單推五周後，甲乘左臂回收之機，撥乙之左手，向上、向左做立圓推轉；同時，雙方換為右腳在前之四正手推轉一周。

(二)甲、乙右手平圓單推手（定步）

接上式不斷。甲乘左手騰出之機（即只有右臂承接乙單手或雙手時），重心後移，左腿後坐，擰腰，棲身，棲胯，上體右轉；同時，右臂回收翻掌（掌心向上），將乙之右掌吸引至身體右側，使乙之左掌脫開甲之右肘。爾後，按照

1. 甲推　　　　2. 乙化
3. 乙推　　　　4. 甲化
5. 甲推　　　　6. 乙化……的順序，循環反覆 5 周。

雙方右手單推為一平圓軌跡。

接上式不斷。甲乘右臂回收之機，撥乙之右手，向上、向右做立圓推轉；同時，雙方換為左腳在前之四正手推手。此時甲、乙仍在原搭手之位置。

第六組　乙、甲相互推按（定步）

接上式。四正手推轉兩周後，

（一）乙用如封似閉將甲前胸敞開後，雙手又向甲胸部推按。（圖 184）

（二）甲棲身後坐，雙手粘隨乙之雙臂，屈臂回收，切掛乙之雙臂，將乙雙手推胸化解。（圖 185）

圖 184　　　　　　　　圖 185

　　（三）接上式不斷。甲乘勢後腿蹬力，雙手向乙胸推按。（圖 186）

圖 186

圖 187　　　　　　　　　圖 188

（四）與此同時，乙用如封似閉將甲前胸敞開後，雙手再向甲胸部推按。（圖 187、圖 188）

第七組　甲、乙相互外領（橫採）撞肩

（一）甲退步裏領，再跨步捯把外領，雙撞乙外肩

接上式不斷。甲退步棲身（先退左腳，再退右腳，且右腳虛於左腳前）；右手裏領乙之左肘（或左前臂），將乙推胸之手卸開。爾後，右腳向乙之左側跨步，腰向左擰轉，左腳虛於右腳前；同時，左手抓握乙之左臂上部，將乙左臂向自己的左側領橫。接著，甲左腳向乙左腿後進

步，右腳跟進；雙手向乙左肩外推撞。（圖189、圖190、
圖191）

圖 189

圖 190

圖 191

(二)乙外領雙撞甲外肩

接上式不斷。乙（右腳）後腳向前上扣步，左腳虛於右腳前，同時向左擰腰轉身，左手反抓甲之左腕，將甲左臂向自己左側領橫，將甲雙撞卸開。爾後，乙左腳立即向甲左腿後進步，右腳跟進；雙手向甲左肩外推撞。（圖192、圖193）

注：此時，甲、乙位置已交換。

圖 192

圖 193

第八組　外領單撞掌與棲身倒捲肱
　　　　　相互攻卸

(一)甲左手外領、右手單撞；乙棲身右臂倒
捲肱

接上式不斷。甲後腳（右腳）向前上扣步，左腳虛於右腳前，同時向左擰腰轉身；左手粘隨乙之左臂，並反腕抓握乙之左腕，將乙左臂向自己左側領橫，將乙雙手撞肩卸開。爾後，甲左腳立即向乙左腿後進步，右腳跟進；同時，右手使單撞掌向乙左肩攻擊。（圖194、圖195）

圖194

圖195

圖 196　　　　　　　　　圖 197

接上式不斷。乙後腳（右腳）向自己左腳前上扣步，向左擰腰、棲身、收胯，提左腿向後撤步；左臂翻掌（掌心向上），抽臂；右臂使倒捲肱，向甲面部或胸部放掖掌。（圖 196）

（二）甲右手外領，左手單撞；乙棲身左臂倒捲肱

此時，甲欲撞乙左肩的右手迅速變為抓握乙之右腕；同時左腳向左前方（即乙之右側）跨步，隨即右腳前上，虛於左腳前；腰向右擰轉，右手將乙之右臂向自己右側領橫，卸開乙之掖掌。爾後，右腳立即向乙右腿後進步，左腳跟進；同時，左手使單撞掌向乙右肩攻擊。（圖 197、圖 198）

圖 198

圖 199

　　接上式不斷。乙後腳（左腳）向自己右腳前上扣步，向右擰腰、棲身、收胯。提右腿向後撤步；右臂翻掌（掌心向上），抽臂；左臂使倒捲肱，向甲面部或胸部放掖掌。（圖 199）

　　此時，甲欲撞乙右肩的左手迅速抓握乙之左腕；同時，右腳向右前方跨步，腰向左擰轉，左手使外領，將乙之左臂向左側領橫。（圖 200）

圖 200

圖 201

圖 202

(三)乙左手外領，右手單撞；甲棲身右臂倒捲肱

接上式不斷。乙左手反握甲之左腕，向左擰腰，將甲左臂向自己左側領橫。爾後，進步、進身，右手使單撞掌向甲左肩攻擊。（圖 201、圖 202）

此時，甲後腳（右腳）向自己左腳前上扣步；同時，向左擰腰，棲身、收胯，提左腿向後撤步；右臂使倒捲肱向乙面部或胸部放掖掌。（圖 203）

(四)乙右手外領，左手單撞；甲棲身左臂倒捲肱

此時，乙欲撞甲左肩的右手迅速變為抓握甲之右腕；同時，左腳向左前方跨步，腰向右擰轉，右手將甲之右臂

圖 203

向自己右側領橫，卸開甲之掖掌。爾後，進步、進身，左
手使單撞掌向甲右肩攻擊。（圖 204、圖 205）

圖 204

圖 205

圖 206 　　　　　　　　 圖 207

　　接上式不斷。甲後腳（左腳）向自己右腳前上扣步，同時向右擰腰、棲身、收胯，提右腿向後撤步，左臂使倒捲肱向乙面部或胸部放掖掌。（圖 206、圖 207）

第九組　　甲、乙相互捧、捋、擠

　　接上式不斷。乙用撞甲右肩之左手迅速變為抓握甲之左腕，欲使外領。（圖 208）

(一)甲左手外領捧推，左大捋，右擠掌

　　此時，甲右腿向右前方跨步，腰向左擰轉；左手反腕搶先外領，將乙左臂領橫。爾後，進步、進身（左腳前進，右腳跟步），雙手捧推乙之腰肋。乙即退步（先退右步，再退左步），向左擰身，左臂下立卸開甲之捧推。接

著也用雙手捧推甲之左側腰肋。（圖209、圖210）

　　甲乘勢倒步（先撤左腳，再撤右腳），使左側大将雙帶乙之左臂。乙急活步跟隨，將甲大将卸開。（圖211）

圖208

圖209

圖210

圖211

圖 212

圖 213

　　爾後，甲右前臂壓住乙之左上臂，左手搭在自己的右前臂上，同時右腿吃住乙之左腿，對乙使用右側擠掌，欲將乙放出。（圖 212）

（二）乙右手外領捧推，右大将，左擠掌

　　乙右腿後撤，隨之左腿從甲右腿的管制中逃出，並向自己左後方撤步，使右腿虛於前；同時，右手抓握甲之右腕，將甲右臂領橫，卸開甲之擠掌。爾後，進步、進身（右腳前進，左腳跟進），雙手捧推甲之腰肋。甲即退步（先退左步，再退右步），向右擰身，右臂下立卸開乙之捧推。接著，也用雙手捧推乙之右側腰肋。（圖 213、圖 214、圖 215）

　　乙乘勢倒步（先撤右腳，再撤左腳），使右側大将雙帶甲之右臂。甲急活步跟隨，將乙大将卸開。（圖 216）

圖 214

圖 215

圖 216

圖 217

　　爾後，乙左前臂壓住甲之右上臂，右手搭在自己的左前臂上，同時左腿吃住甲之右腿，對甲使用左側擠掌，欲將甲放出。（圖 217）

圖218

圖219

接上式不斷。甲左腿後撤，隨之右腿從乙左腿的管制中逃出，並向自己右後方撤步，使自己左腿虛於前；同時，左手抓握乙之左腕，將乙之左腕領橫，卸開乙之擠掌。（圖218、圖219）

此時乙立即下繞被領之左臂，而且上右步，管住甲之左腿；同時，右手托拿甲左肘關節部位。（圖220）

（三）甲右手外領捧推，右大捋，左擠掌

接上式不斷。甲右腳向自己左腳後偷步，右手從自己左肘下偷採乙之右腕並外領，將乙右臂領橫。爾後，進步、進身（右腳前進，左腳跟進），雙手捧推乙之腰肋。乙即退步（先退左步，再退右步），向右擰身，右臂下立卸開甲之捧推。接著，也用雙手捧推甲之右側腰肋。（圖221、圖222、圖223）

圖 220

圖 221

圖 222

圖 223

圖 224　　　　　　　　圖 225

　　甲乘勢倒步（先撤右腳，再撤左腳），使右側大捋雙帶乙之右臂。乙急活步跟隨，將甲大捋卸開。（圖 224）

　　爾後，甲左前臂壓住乙之右上臂，右手搭在自己左前臂上，同時左腳吃住乙之右腿，對乙使用左側擠掌，欲將乙放出。（圖 225）

(四)乙左手外領捧推，左大捋，右擠掌

　　乙左腿後撤，隨之右腿從甲左腿的管制中逃出，並向自己右後方撤步，使左腿虛於前；同時，左手抓握甲之左腕，將甲之左臂領橫。爾後進步、進身（左腳前進，右腳跟進），雙手捧推甲之腰肋。甲即退步（先退右步，再退左步），向左擰身，左臂下立卸開乙之捧推。接著，也用雙手捧推乙之左側腰肋。（圖 226、圖 227、圖 228）

乙乘勢倒步（先撤左腳，再撤右腳），使左側大将雙帶甲之左臂。甲急活步跟隨，將乙大将卸開。（圖 229）

圖 226

圖 227

圖 228

圖 229

圖 230

　　爾後，乙右前臂壓住甲之左上臂，左手搭在自己的右前臂上；同時右腿吃住甲之左腿，對甲使用右側擠掌，欲將甲放出。（圖 230）

第十組　甲、乙相互外領（橫採）

　　接上式不斷。甲右腿後撤，隨之左腿從乙右腿的管制中逃出，並向自己左後方撤步，使右腿虛於前；同時，右手抓握乙之右腕，將乙右臂領橫，卸開乙之擠掌。（圖231）

　　爾後，乙右手反握甲之右腕，並向右擰身，將甲右臂領橫。（圖 232）

圖 231

圖 232

第十一組　下繞托肘與轉身靠

(一)甲下繞托肘

接上式不斷。甲將被領之右臂下繞，上左步管住乙之右腿；同時，左手托拿乙右肘關節部位。（圖 233）

(二)乙轉身靠

乙借甲下繞托肘之力，乘勢左轉身 180°；同時右腳圈步內扣變為後腳，且碾轉蹬力，進左步，跟右步，向甲衝靠。（圖 234）

圖 233　　　　　　　　圖 234

(三)甲馬步立樁

　　甲立即向右轉身撐樁、裹肩、左臂下立，重心下沉成馬步，將乙之靠撞化解。（圖 235）

　　爾後，甲、乙各自向右轉身穿掌而走（右撇，左撇各1次）。（圖 236）

　　然後各自又左轉回身做左、右、左摟膝拗步，再次搭手（仍然為雙方左腳在前）。此時甲、乙雙方與起勢時的位置交換。（圖 237、圖 238）

圖 235

圖 236

圖 237

圖 238

太極推手對練套路之二

第十二組　相步四正手

接左、右、左摟膝拗步，雙方左腳在前搭手；（以甲為準）左、右各推兩周。

(一)向左推轉，其順序爲：

1. 乙掤　　　2. 甲捋
3. 乙擠　　　4. 甲按
5. 甲掤　　　6. 乙捋
7. 甲擠　　　8. 乙按

推轉兩周。

(二)向右推轉，其順序爲：

1. 甲掤　　　2. 乙捋
3. 甲擠　　　4. 乙按
5. 乙掤　　　6. 甲捋
7. 乙擠　　　8. 甲按

推轉兩周。

第十三組　甲、乙橫跨步相互橫捋

(一)甲左橫捋，乙跟隨

接上式不斷。甲左手採乙左腕，右手貼扶於乙之左肘關節部位；左腳向自己左側橫跨步，右腳併步跟隨；循向左推轉之路線，橫捋乙之左臂。乙左臂被甲橫捋，即鬆肩跟隨；同時右腳（隨甲左腳的跨步）向自己右側橫跨步，左腳併步跟隨；將甲左橫捋化解。（圖239）

(二)乙右橫捋，甲跟隨

爾後，乙右手從自己左肘部摘採甲之右腕，左手貼扶於甲之右肘關節部位；右腳向自己右側橫跨步，左腳併步跟隨；依照甲推轉之路線，乘勢橫捋甲之右臂。甲右臂被乙橫捋，即鬆肩跟隨；同時，左腳隨乙右腳的跨步向自己左側橫跨步，右腳併步跟隨；將乙右橫捋化解。（圖240）

(三)甲右橫捋，乙跟隨

接著，甲右手反採乙之右腕，左手貼扶於乙之右肘關節部位；右腳向自己右側橫跨步，左腳併步跟隨；循向右推轉之路線，橫捋乙之右臂。乙右臂被甲橫捋，即鬆肩跟隨；同時，左腳隨甲右腳的跨步向自己左側橫跨步，右腳併步跟隨；將甲右橫捋化解。（圖241）

圖 239

圖 240

圖 241

(四)乙左橫捋,甲跟隨

爾後,乙左手從自己右肘部摘採甲之左腕,右手貼扶於甲之左肘關節部位;左腳向自己左側橫跨步,右腳併步跟隨;依照甲推轉之路線,乘勢橫捋甲之左臂。甲左臂被乙橫捋,即鬆肩跟隨;同時,右腳隨乙左腳的跨步向自己右側橫跨步,左腳併步跟隨;將乙左橫捋化解。(圖242)

(五)甲右橫捋,乙跟隨

爾後,甲右手從自己左肘部摘採乙之右腕,左手貼扶於乙之右肘關節部位;右腳向自己右側橫跨步,左腳併步跟隨;循向右推轉之路線,橫捋乙之右臂。乙右臂被甲橫捋,即鬆肩跟隨;同時,左腳隨甲右腳的跨步向自己左側橫跨步,右腳併步跟隨;將甲右橫捋化解。(圖243)

圖242

圖243

(六)乙右橫捋，甲跟隨

接著，乙右手反採甲之右腕，左手貼扶於甲之右肘關節部位；右腳向自己右側橫跨步，左腳併步跟隨；循向（乙）右推轉之路線橫捋甲之右臂。甲右臂被乙橫捋，即鬆肩跟隨；同時，左腳隨乙右腳的跨步向自己左側橫跨步，右腳併步跟隨；將乙右橫捋化解。（圖244）

圖244

第十四組　甲、乙活步進退四正手

接上式不斷。甲左手置於自己右肘內側，用右前臂擠乙；乙雙手向下、向左按壓甲右前臂。接著，甲右臂下繞，向右擰身，用左手背接乙之左手，用左肘接乙之右手；騰出右手從下向右繞出，扶於乙之左肘部；左臂掤住乙之按勁，循弧形路線向上、向左運轉，將乙之左臂掤起；雙方形成四正手推轉（此時以甲為準，向左推轉）。但此時的四正手推轉，是在甲方進步，乙方退步中完成，並循環反覆的。其具體做法為：

(一)甲右腳跨步進三，乙退三

甲右腳向右前方（即乙左側）上步，並按照右、左、右的順序向前行走三步。乙隨之後退三步，其順序為左、右、左。（圖245、圖246、圖247）

(二)甲左腳跨步進三，乙退三

甲左腳向左前方（即乙右側）上步，並按照左、右、左的順序，向前行走三步。乙隨之後退三步，其順序為右、左、右。（圖248、圖249、圖250）

圖245

圖246

圖 247

圖 248

圖 249

圖 250

(三)乙右腳跨步進三，甲退三

接上式不斷。乙變退為進。

乙右腳向右前方（即甲左側）上步，並按照右、左、右的順序，向前行走三步。甲隨之後退三步，其順序為左、右、左。（圖 251、圖 252、圖 253）

144

(四)乙左腳跨步進三，甲退三

乙左腳向左前方（即甲右側）上步，並按照左、右、左的順序向前行走三步。甲隨之後退三步，其順序為右、左、右。（圖 254、圖 255、圖 256）

這樣一來一往，甲進乙退，乙進甲退；而且雙方的兩臂仍按四正手的順序推轉。稱為活步四正手。

圖 251

圖 252

圖 253

圖 254

圖 255

圖 256

第十五組　甲、乙活步轉身四正手

接上式不斷。雙方仍按原推手路線，甲變退為進。

當甲從乙右側行進到第三步（即上左步）時，乙右腳向自己左腳後背步，向右 180°轉身；同時，雙手向右側撥甲右臂，此時，甲雙臂粘隨乙之雙臂，借向前行走和乙背步轉身的慣性，身體也向右回轉180°。（圖257、圖258）

這樣，甲、乙雙方完成一次活步轉身四正手推手。

注：另有一種轉身方法。

當甲從乙右側行進到第三步（即上左步）時，乙右腳後退，雙手向自己右側撥甲右臂，轉身180°；此時甲應再向前上步，雙臂粘隨乙之雙臂，並隨乙的轉身而回轉

圖257

圖258

180°。這樣也可完成活步轉身四正手。（圖259、圖260）

　　以上兩種方法任選一種，反覆三次，雙方交換位置，回到搭手之地。仍是以甲為準的向左推轉。（圖261）

圖259

圖260

圖261

第十六組　甲、乙相互（四隅）大捋

接上式不斷。

（一）甲撤左步左大捋，乙上左步跟隨擠靠

甲左手採住乙之左腕，右手握住乙左肘關節部位；左腳向自己右後方背步後撤，用左側大捋雙帶乙之左臂。與此同時，乙急上左步跟隨，同時右手護於自己左肘內側向甲擠靠。（圖262）

圖262

(二)甲上左步左臂蓋掌，乙撤左步左臂撩撥

甲右腳落實，左腳向乙左腿後上步；同時，左手向乙使蓋掌（或迎面掌）。乙左腿後撤，左臂粘隨甲之左手向上撩撥，並反腕採握甲之左腕，同時右手握住甲之左肘關節部位，將甲左臂擄下，置自己身體左側。（圖263、圖264）

圖263

圖264

（三）甲撤右步右大将，乙上右步跟隨擠靠

甲右腳向自己的左後方背步後撤，右手從自己左肘下掏採乙之右腕，左手繞至乙右肘關節部位並將其握住，雙手使用右側大将雙帶乙之右臂。與此同時，乙急上右步跟隨，左手護於自己右肘內側向甲擠靠。（圖265、圖266）

圖 265

圖 266

(四)甲上右步右臂蓋掌，乙撤右步右臂撩撥

甲左腳落實，右腳向乙右腿後上步；同時，右手向乙使蓋掌（或迎面掌）。（圖267）

乙右腿後撤，右臂粘隨甲之右手向上撩撥，並反腕採握甲之右腕，同時左手握住甲之右肘關節部位，將甲右臂擄下。

(五)乙撤右步右大捋，甲上右步跟隨擠靠

接上式不斷。乙乘勢右腳向自己左後方背步後撤，用右側大捋雙帶甲之右臂。與此同時，甲急上右步跟隨，左手護於自己右肘向乙擠靠。（圖268）

圖267　　　　　　　圖268

(六)乙上右步右臂蓋掌，甲撤右步右臂撩撥

乙左腳落實，右腳向甲右腿後上步；同時，右手向甲使蓋掌（或迎面掌）。甲右腿後撤，右臂粘隨乙之右手向上撩撥，並反腕採住甲之右腕，同時左手握住乙之右肘關節部位，將乙右臂擄下，置於身體右側。（圖269、圖270）

(七)乙撤左步，左大捋

乙左手從自己右肘下摘採甲之左腕，右手繞至甲左肘關節部位並握住之。爾後，左腳向自己右後方背步後撤，用左側大捋雙帶甲之左臂。（圖271、圖272）

圖269   圖270

圖 271

圖 272

(八)甲上步轉身左大捋，乙上左步跟隨擠靠

接上式不斷。甲右手護
於自己左肘處，急上左步跟
隨，乘勢右腳向前上扣步，
且向左轉身 180°；同時，左
手反採乙之左腕，右手握住
乙左肘關節部位，左腳向自
己右後方撤步，用左大捋雙
帶乙之左臂。乙隨甲轉身大
捋，也轉身；且急上左步跟
隨，右手護於自己左肘，向
甲擠靠。（圖 273、圖
274、圖 275）

圖 273

圖 274

圖 275

注：此時甲、乙又交換了位置。

(九)甲上左步左臂蓋掌，乙撤左步左臂撩撥

甲右腳落實，左腳向乙左腿後上步；同時，左手向乙使蓋掌（或迎面掌）。乙左腿後撤，左臂粘隨甲之左手向上撩撥，反腕採握甲之左腕；同時，右手握住甲之左肘關節部位，將甲左臂擴下，置於自己身體左側。（圖276、圖277）

圖 276

圖 277

(十)甲撤右步右大将,乙上右步跟隨擠靠

甲右手從自己左肘下掏採乙之右腕,左手繞至乙右肘關節部位並握住之。爾後,右腳向自己左後方背步後撤,使右側大将雙帶乙之右臂。與此同時,乙急上右步跟隨,左手護於自己右肘內側向甲擠靠。(圖278、圖279)。

(十一)甲上右步右臂蓋掌,乙撤右步右臂 撩撥

甲左腳落實,右腳向乙右腿後上步;同時,右手向乙使蓋掌(或迎面掌)。乙右腿後撤,右臂粘隨甲之右手向上撩撥,並反腕採握甲之右腕;同時,左手握住甲之右肘關節部位,將甲右臂擄下。(圖280、圖281)

圖278

圖279

圖280　　　　　　　圖281

(十二) 乙撤右步右大挒，甲上右步跟隨擠靠

接上式不斷。
乙乘勢右腳向自己
左後方背步後撤，
用右側大挒雙帶甲
之右臂。與此同
時，甲急上右步跟
隨，左手護於自己
右肘內側向乙擠
靠。（圖282）

圖282

（十三）乙上右步右臂蓋掌，甲撤右步右臂
撩撥

乙左腳落實，右腳向甲右腿後上步；同時，右手向甲使蓋掌（或迎面掌）。甲右腿後撤，右臂粘隨乙之右手向上撩撥，並反腕採住甲之右腕；同時，左手握住乙之右肘關節部位，將乙右臂攦下，置於身體右側。（圖 283、圖284）

圖 283

圖 284

(十四)乙撤左步左大将，甲上左步跟隨擠靠

乙左手從自己右肘下摘採甲之左腕，右手繞至甲左肘關節部位並握住之。爾後，左腳向自己右後方背步後撤，用左側大将雙帶甲之左臂。與此同時，甲急上左步跟隨；同時，右手護於自己左肘內側向乙擠靠。（圖285、圖286）

圖285

圖286

(十五)乙上左步左臂蓋掌，甲撤左步左臂　　撩撥

　　乙右腳落實，左腳向甲左腿後上步；同時，左手向甲使蓋掌（或迎面掌）。甲左腿後撤，右腿也隨之後撤，並使左腿虛於前，左臂粘隨乙之左手向上撩撥，形成甲、乙左腳在前向左推轉之四正手。（圖287、圖288）

圖287

圖288

第十七組　外領單撞掌與轉身青龍抓盔

接上式四正手。

(一)甲左手外領，右手單撞

甲左手採乙左腕，將乙左臂向自己左側領橫；右手向乙左肩外推撞。（圖289）

(二)乙轉身青龍抓盔

乙乘勢，左腳圈步向右轉身360°，活右步右腳前上，左腳跟進，雙手向甲頭、面撲抓。（圖290）

圖289　　　　　　　　　圖290

圖291

(三)甲(拗步)提手上式

甲雙手迅速上提用拗步提手上式（左腳在前，右手在前），承接乙之撲抓。此時，乙撲在甲右前臂上，順勢將其按壓推轉，形成順步（即甲左腳在前，乙右腳在前）四正手推轉。（圖291）

第十八組　甲、乙活步單推手

(一)活步右手單推手

1.乙進三，甲退三

接上式不斷。乙乘左手脫開甲右肘之機，主動變為右

手平圓單推，並且向前欺身，行進三步。甲隨之後退三
步。（圖292、圖293、圖294）

圖 292

圖 293

圖 294

2.甲進三，乙退三

甲變退為進，也向前欺身，行進三步。乙隨之後退三步。（圖295、圖296、圖297）

(二)活步左手單推手

1.乙進三，甲退三

接上式。乙右手向上、向右撥轉甲之右手，形成四正手並推轉一周。接著乘右手脫開甲之左肘之機，又主動變為左手平圓單推，並且向前欺身，行進三步。甲隨之後退三步。（圖298、圖299、圖300）

圖295

圖296

圖 297

圖 298

圖 299

圖 300

2. 甲進三，乙退三

接上式。甲變退為進，也向前欺身，行走三步。乙隨之後退三步。（圖 301、圖 302、圖 303）

圖 301

圖 302

圖 303

第十九組　甲、乙連續進步托肘推胸

接上式不斷。甲左手向上、向左撥轉乙之左手，形成四正手且推轉一周。（圖304）

（一）乙進步連續托肘推胸三次

1.乙進右步，右撇托肘推胸

乙用手腕滾轉之法，將甲右腕壓下，且露出右手按放在甲之胸腹；同時，左手推託住甲之右肘，雙手配合，進步、進身向甲攻擊。（圖305）

圖304

圖305

2.甲側身、退步，右臂立樁、反繞

甲即身體左轉、側身、退步，且右臂立樁，將乙卸化。爾後，身體再向右轉，右前臂向上反繞將乙右腕壓下，欲對乙托肘推胸反擊。（圖306、圖307）

3.乙進左步，左撇托肘推胸

乙隨甲右前臂反繞，左手從自己右前臂下穿出，並向左滾轉，將甲欲推託乙之右肘的左前臂壓下，且露出左手按放在甲之胸腹處；同時，右手推託住甲之左肘，雙手配合，向前進左步、進身，向甲攻擊。（圖308、圖309）

4.甲側身退步，左臂立樁、反繞

甲即身體右轉、側身、退步，且左臂立樁，將乙卸化。爾後，身體再向左轉，左前臂向上反繞，將乙左腕壓下，欲對乙托肘推胸反擊。（圖310、圖311）

| 圖306 | 圖307 |

圖 308

圖 309

圖 310

圖 311

5. 乙進右步，右撇托肘推胸

乙隨甲左前臂反繞，右手從自己左前臂下穿出，並向

右滾轉，將甲欲推託乙之左肘的右前臂壓下，且露出右手按放在甲之胸腹處，同時，左手推託住甲之右肘，雙手配合，向前進右步、進身，向甲攻擊。（圖312、圖313）

6.甲側身、退步，右臂立椿

甲即身體左轉、側身、退步，且右臂立椿，將乙卸化。（圖314）

(二)甲進步連續托肘推胸五次

1.甲進右步，右撇托肘推胸

接上式不斷。甲身體再向右轉，右前臂向上反繞，將乙右腕壓下，且露出右手按放在乙之胸腹處；同時，左手推託住乙之右肘，雙手配合進步、進身向乙攻擊。（圖315）

2.乙側身退步，右臂立椿、反繞

乙即身體左轉、側身、退步，且右臂立椿，將甲卸

圖312   圖313

化。爾後，身體又向右轉，右前臂向上反繞，將甲右腕壓
下，欲對甲托肘推胸反擊。（圖316、圖317）

圖314

圖315

圖316

圖317

圖 318 圖 319

3. 甲進左步，左撇托肘推胸

甲順乙右前臂反繞，左手從自己右前臂下穿出，並向左滾轉，將乙欲推託甲之右肘的左前臂壓下，且露出左手按放在乙之胸腹處，同時，右手推託住乙之左肘，雙手配合向前進左步、進身，向乙攻擊。（圖 318、圖 319）

4. 乙側身退步，左臂立椿、反繞

乙即身體右轉、側身、退步，且左臂立椿，將甲卸化。爾後，身體再向左轉，左前臂向上反繞，將甲左腕壓下，欲對甲托肘推胸反擊。（圖 320）

5. 同 1. 甲進右步，右撇托肘推胸
6. 同 2. 乙側身退步，右臂立椿、反繞
7. 同 3. 甲進左步，左撇托肘推胸
8. 同 4. 乙側身退步，左臂立椿、反繞
9. 同 1. 甲進右步，右撇托肘推胸

10. 乙側身退步，右臂立椿

乙即身體左轉、側身、退步，且右臂立椿，將甲卸化。（圖 321）

圖 320

圖 321

(三)乙進步，連續托肘推胸兩次

1. 乙進右步，右撇托肘推胸

接上式不斷。乙身體再向右轉，右前臂向上反繞，將甲右腕壓下，且露出右手按放在甲之胸腹處；同時，左手推託住甲之右肘，雙手配合，進步、進身向甲攻擊。（圖322）

2. 甲側身退步，右臂立椿、反繞

甲即身體左轉、側身、退步，且右臂立椿，將乙卸化。爾後，身體再向右轉，右前臂向上反繞將乙右腕壓下，欲對乙托肘推胸反擊。（圖323、圖324）

3. 乙進左步，左撇托肘推胸

乙隨甲右前臂反繞，左手從自己右前臂下穿出，並向左滾轉，將甲欲推託乙之右肘的左前臂壓下，且露出左手

圖 322

按放在甲之胸腹處；同時，右手推託住甲之左肘，雙手配
合，向前進左步、進身，向甲攻擊。（圖325、圖326）

圖 323

圖 324

圖 325

圖 326

4. 甲側身退步，左臂立樁

甲即身體右轉、側身、退步，且左臂立樁，將乙卸化。（圖327）

第二十組　甲、乙相互牽捋、擠靠

接上式不斷。甲身體向左擰轉，左臂向上、向左撥轉乙之左臂，雙方形成左腳在前四正手，且向左推轉一周。（圖328）

(一)甲、乙直線相互牽捋、擠靠

1. 甲行步牽捋，乙行步擠靠

甲順勢左手採住乙之左腕，右手托握於乙左肘關節部位，且向左轉，回身牽捋乙之左臂，行走三步。其步法順

圖327　　　　　　　　　圖328

序為左、右、左。與此同時,乙右手護於自己左肘部,跟
隨甲之牽捋,也行走三步。其步法順序為右、左、右。
(圖329、圖330、圖331、圖332)

圖 329

圖 330

圖 331

圖 332

2.乙行步牽捋，甲行步擠靠

爾後，雙方換方向推轉，同時相對回轉身180°。乙左手採住甲之左腕，右手托握甲左肘關節部位，牽捋甲之左臂行走三步。其步法順序為左、右、左。與此同時，甲右手護於自己左肘部，跟隨乙之牽捋，也行走三步，其步法順序為右、左、右。（圖333、圖334、圖335、圖336）

注：以上一來一往，甲、乙為同時平行行走。我們把甲開始牽捋乙時雙方的起點位置定為A；把行走三步雙方到達的位置定為B；那麼，甲牽捋乙為從A到B，乙牽捋甲為從B到A。連接A、B，則AB為一條直線。（圖337）

(二)甲、乙四門相互牽捋、擠靠

接上式不斷。從A點起，乙變牽捋為推轉並改變方向（即與AB垂直的路線），向甲欺身、進步，用活步四正

圖333

圖334

圖 335

圖 336

179

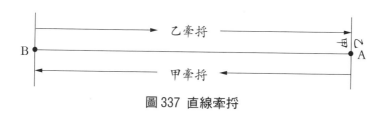

圖 337 直線牽挒

手推手之法將甲推後退一步半（或兩步）；雙方到達位置為 C。

　　注：此乙進二，甲退二之路線 AC 垂直 AB。

　　甲、乙四門相互牽挒、擠靠，實為甲、乙雙方圍繞正方形 CDEF 四邊相互牽挒、擠靠；而且，甲、乙相對邁步行走，每三步為一邊。此行走過程，與本組（一）甲、乙直線相互牽挒、擠靠相同。為避免書中圖的重複，故將四個邊行走之圖省略，僅將雙方在 C、D、E、F 四個角轉彎

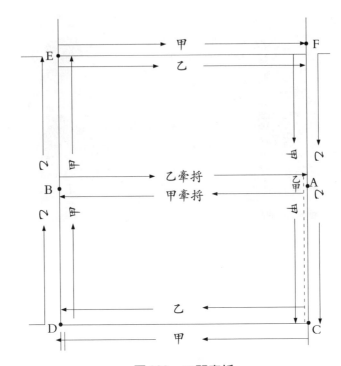

圖 338　四門牽捋

處注圖講解。（圖 338）

1. 甲行步牽捋，乙行步擠靠

接上式不斷。從 C 點起，甲順勢左手採住乙之左腕，右手托握乙左肘關節部位，向自己左側（即與 AC 垂直之路線）牽捋乙之左臂，行走三步。其步法順序為左、右、左。與此同時，乙右手護於自己左肘部，跟隨甲之牽捋並向甲擠靠，也行走三步。其步法順序為右、左、右。（圖 339）

注：此時甲乙雙方到達位置 D。連接 C、D，則 CD 垂直 AC，CD 平行 AB，CD 等於 AB。

2. 乙轉身行步牽捋，甲轉身行步擠靠

接上式不斷。從 D 點起，乙即棲身左轉 270°，且左臂回收（掌心向上）。爾後，左手反腕反採甲之左腕，右手托握甲之左肘關節部位，牽捋甲之左臂，左腳先行，行走三步。其步法順序為左、右、左。與此同時，甲隨乙也右轉 90°；同時，右手護於左肘部，跟隨乙之牽捋並向乙擠靠。也行走三步，其步法順序為右、左、右。（圖 340）

注：此時甲乙雙方到達位置 E。連接 D、E，則 DE 垂直 CD，DE 平行 AC。

3. 甲轉身行步牽捋，乙轉身行步擠靠

接上式不斷。從 E 點起，甲即棲身左轉 270°，且左臂向上、向左撥轉乙之左臂，並順勢左手採住乙之左腕，右手托握乙之左肘關節部位，牽捋乙之左臂，左腳先行，行走三步。其步法順序為左、右、左。與此同時，乙隨甲也

圖 339

圖 340

右轉 90°；同時，右手護於自己左肘部，跟隨甲之牽捋，並向甲擠靠。也行走三步，其步法順序為右、左、右。（圖 341）

　　注：此時甲乙雙方又到達位置 F。連接 E、F，則 EF 垂直 DE，EF 平行 AB 和 CD，EF 等於 CD。

4. 乙轉身行步牽捋，甲轉身行步擠靠

　　接上式不斷。從 F 點起，乙即樓身左轉 270°，且左臂回收（掌心向上）。爾後，左手反腕反採甲之左腕，右手托握甲之左肘關節部位，牽捋甲之左臂，左腳先行，行走三步。其步法順序為左、右、左。與此同時，甲隨乙也右轉 90°；同時，右手護於自己左肘部，跟隨乙之牽捋並向乙擠靠。也行走三步，其步法順序為右、左、右。（圖 342）

　　注：此時甲、乙雙方又回到位置 C。連接 F、C，則 FC 垂直 EF，FC 平行 DE，FC 等於 DE。故 C、D、E、F 為

圖 341　　　　　　　　圖 342

一個正四邊形。這樣，甲、乙相互牽捋擠靠，圍繞該正方形行走一周，為甲、乙四門牽捋、擠靠。

(三)甲、乙斜線相互牽捋、擠靠

1. 從 C 到 E' 甲牽捋、乙擠靠

接上式不斷。從 C 點起，甲即欉身左轉 225°，且左臂向上、向左撥轉乙之左臂，並順勢左手採住乙之左腕，右手托握乙左肘關節部位，牽捋乙之左臂，向正方形 CDEF 的對角 E 行走三步，到達 E' 位置。其步法順序為左、右、左。與此同時，乙隨甲也右轉 135°，右手護於自己左肘部，跟隨甲之牽捋，向甲擠靠，也行走三步。其步法順序為右、左、右。（圖 343）

2. 從 E' 到 C 乙牽捋，甲擠靠

爾後，雙方換方向推轉，同時相對回轉身 180°。乙左手採住甲之左腕，右手托握甲之左肘關節部位，牽捋甲之左臂，行走三步。其步法順序為左、右、左。與此同時，甲右手護於自己左肘部，跟隨乙之牽捋向乙擠靠，也行走三步。其步法順序為右、左、右。

注：從 E' 到 C 之圖與本組（一）2. 乙行步牽捋，甲行步擠靠之圖完全相同，故省略。

圖 343

此動1和動2為一來一往，且動2完成後，甲、乙雙方又回到位置C。

爾後，從C點起，甲變擠靠為推轉，並改變方向（即沿著CF路線），向乙欺身、進步，用活步四正手推手之法將乙推後退三步，且雙方到達F位置。

3. 從F到D′ 甲牽捋，乙擠靠

接上式不斷。從F點起，甲即樓身左轉135°，且左臂向上、向左撥轉乙之左臂，並順勢左手採住乙之左腕，右手托握乙左肘關節部位，牽捋乙之左臂，向正方形CDEF的對角D行走三步，到達D′位置。其步法順序為左、右、左。

與此同時，乙隨甲也右轉45°。同時，右手護於自己左肘部，跟隨甲之牽捋，向甲擠靠，也行走三步。其步法順序為右、左、右。（圖344）

4. 從D′到A 乙牽捋，甲擠靠

爾後，雙方換方向推轉，並且同時相對回轉身（朝A方向），乙左手採住甲之左腕，右手托握甲左肘關節部位，牽捋甲之左臂，向目標A行走三步。其步法順序為左、右、左。與此同時，甲右手護於自己左肘部，跟隨乙之牽捋，也行走三步。其步法順序為右、左、右。（圖345）

注：3、4並不是同一斜線。乙牽捋甲從D′到A，即又回到雙方開始牽捋時的起點位置，而且，甲、乙又交換了位置。（圖346）

184

圖 344　　　　　　　　　圖 345

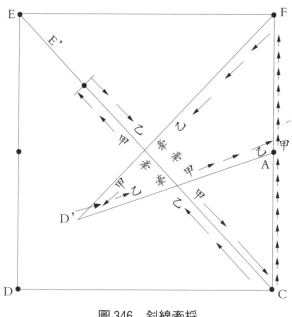

圖 346　斜線牽捋

第二十一組　撤步外領與下繞托肘

(一)乙撤左步右手外領，甲右臂下繞上左步托肘

當甲向左推轉時，乙乘勢右手採住甲之右腕；同時，左腳（前腳）撤為後腳，右手將甲之右臂向自己右側領橫。爾後，甲順乙外領之力，鬆肩跟隨，且右腳向前墊步，身體右轉，左腳向前上步管住乙之右腿；同時，右臂下繞，左手托拿乙之右肘。（圖347、圖348）

圖 347　　　　　　　圖 348

（二）乙撤右步，左手外領，甲左臂下繞上右步托肘

乙左手從自己右肘下偷採甲之左腕；同時，右腿從甲左腿的管制中逃出，後撤為後腿，左手將甲之左臂向自己左側領橫。爾後，甲順乙外領之力，鬆肩跟隨，且左腳向前墊步，身體左轉，右腳向前上步，管住乙之左腿；同時，左臂下繞，右手托拿乙之左肘。（圖349、圖350、圖351）

圖 349

圖 350

圖 351

(三)乙撤左步右手外領，甲鬆肩隨化、反採外領

乙右手從自己左肘下偷採甲之右腕；同時，左腿從甲右腿的管制中逃出，後撤為後腿，右手將甲之右臂向自己右側領橫。（圖352、圖353）

甲順乙外領之力，鬆肩隨化。接著右手反腕抓握乙之右腕；同時，向右擰腰，將乙右臂向自己右側領橫。（圖354）

圖352

圖353

圖354

(四)乙右臂下繞、上左步托肘，甲撤右步、左手外領

乙順甲外領之力，鬆肩跟隨，且右腳向前墊步，身體右轉，左腳向前上步管住甲之右腿；同時，右臂下繞，左手托拿甲之右肘。（圖355）

甲左手從自己右肘下偷採乙之左腕；同時，右腿從乙左腿的管制中逃出，後撤為後腿，左手將乙之左臂向自己左側領橫。（圖356、圖357）

圖355

圖356

圖357

第二十二組　下繞托肘與轉身靠

(一)乙左臂下繞，上右步托肘

接上式不斷。乙順甲外領之力，鬆肩跟隨，且左腳墊步，身體左轉，右腳向前上步管住甲之左腿；同時，左臂下繞，右手托拿甲之左肘。（圖 358）

(二)甲右轉身衝靠

甲借乙下繞托肘之力，向右轉身 180°，用右肩向乙衝靠。（圖 359）

圖 358

圖 359

(三)乙馬步立樁

乙即向左轉身，擰樁成馬步（重心下沉），且右臂下立，護住自己右肋，將甲轉身靠破解。（圖360）

圖360

收　勢

接上式。當乙馬步立樁將甲轉身靠破解後，即乘勢向左轉身，做懶龍翻身而走，甲目視乙做完一個。（圖361）

圖361

爾後，甲也向左轉身，做左、右懶龍翻身，與乙接下去做的右、左懶龍翻身對稱且同時完成。（圖 362、圖 363）

圖 362

圖 363

注：此時甲、乙各自回到起勢的位置。

爾後，甲向左前方跨左步，乙向右前方跨右步；同時，對稱完成十字手，最後同時收勢。（圖 364、圖 365、

圖 364

圖 365

圖 366、圖 367、圖 368）

圖 366

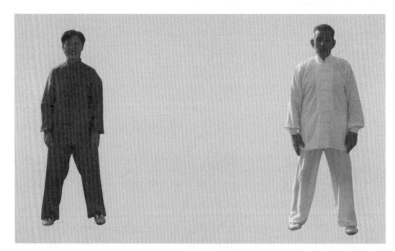

圖 367

圖 368

注：懶龍翻身之做法

由馬步立樁，向左轉身。重心在右腿，左腿隨轉身活步，且左手反手上撩；隨之右腿上步，且右手隨之上撩，此時重心在左腿。爾後向右轉身，右腿隨轉身活步，且右手反手上撩，隨之左腿上步，且左手隨之上撩，此時重心在右腿。

此為懶龍翻身左右撇之練法。（圖 369、圖 370、圖 371）

圖 369

圖 370   圖 371

對太極推手中掤、捋、擠、按、採、挒、肘、靠含義的解釋

掤、捋、擠、按、採、挒、肘、靠是太極推手中的方法，也是太極推手中的勁力。

掤　　勁

好似正在承受壓力的彈簧。當壓力增大時，它隨之收縮；當壓力減輕時，它隨之伸張；而且無論壓力增至多大，來得多麼迅猛，都不能使這個特殊的彈簧被壓癟，被摧毀。

掤勁一般是指雙臂或單臂撐開，承接對方來勁，使自己之臂不能被突然撞擊或推按緊貼自己的胸、腹及身軀的其他部位，從而將對方來勁側引、掤化。另外還有粘隨對方，當對方意斷時，乘虛崩發擲之的作用。

掤勁是一種由內向外的力。也是一種受到壓力而退縮，但縮而含張、縮而不癟的承接力。

掤有膨、撐開、張開之義。指不癟而言。但不癟不等於抗，即掤不等於抗。

掤勁一般可在手、腕、前臂、肘上，也可在臂掤上。掤勁的姿勢一般是當單臂或雙臂抬起來時而用，但當單臂或雙臂下垂時也可運用。

捋　勁

捋有捋順之意，是一種借對方來勁、順其勢而取之的回收力。

當對方向我推、按、擠或向我中路打來時，我一手擒其腕，一手擒其肘，乘勢向兩側牽引，使其前仆。這是一種變守為攻的招法。既化解對方的來力，使其落空；又借勁反擊，使其受制。

注：這裏的「擒」其腕、「擒」其肘，與諸多名家所說的「粘貼」其腕、「粘貼」其肘的說法有別。

所謂「粘貼」，沒有擒的含義；故僅憑一手「粘貼」其腕、一手「粘貼」其肘而將對方捋出是不實際的。而「擒」即為採、為抓、為握。也就是說，捋的使用，是應該允許使用者在使用時，一手抓握對方手腕，同時另一隻手抓握其同一臂的肘關節部位而運用的。但這僅僅是使用者在使用時一剎那間的動作，決不應該雙手握住、抓住對方胳膊不放。筆者認為這是自有太極拳以來，乃至自有武術以來捋法的原貌、捋法的實際、捋法的真諦。

擠　勁

擠勁是乘對方回收之力，貼嚴擠住對方，使其不得轉動，並向前發放的力。

推手中常以單臂或雙臂之前臂外側擠推對方；或一臂掤圓，另一手搭扶己之手腕或前臂部位，合力向前推擠對方。也常用於對方捋我時，我以擠法應之；或當我捋對方時，彼發覺後回奪，我乘勢而擠。

總之擠勁的使用，應將對方擠緊、擠嚴，使其不得轉動。另外，肘擠也是一種非常巧妙、非常實際的招法，推手中經常使用。

按　勁

按勁是一種按壓或推按的力，是將對方向其身後放出或傾倒的招法。按壓，即按之向下；推按，即向前推按，亦可先向下或向上，而後再向前推按。

推手中此法既可按壓、吸化對方的掤勁、擠勁，亦可乘虛而入，推擲而去，使之傾倒。

按的手法，既可單手推按，也可雙手推按；但不可脫手撞擊對方；切忌雙方對頂。

按的用法因時而宜，因勢而宜。

按勁似潮水湧動；遇窪向下潛，遇高則膨滿。其勢如推山入海，無堅不摧；其烈如狂風拔樹，轟然傾倒。

採　勁

採即擒；即抓握，摘取。抓而牽之為採；握而領之也為採。

採是一種攻守兼備的招法。既可直接攻擊對方，又可用於防守；還可變守為攻。

採的方向絕非僅為向下沉採。採既可橫採（領），也可豎採，也可斜採；既可向下採，也可向上採；但一採即使對方受制。故採也是四兩撥千斤的招法。

採的手法一般是採其腕、採其肘、採其前臂、採其手、採其臂臑。

推手中採的使用一般是單手採，另一手配合其他招法。如若雙手採，僅為很短的一瞬間，決不允許、決不應該雙手握住，抓住對方（稍長時間）不放。

這個採決不是用腳踩踏對方。

挒 勁

挒即撕挒、挒開、挒倒之意。

挒是一種快速旋轉的力。既有像飛轉的輪盤將觸及之物拋出數丈的離心力，又有似急流漩渦將漂浮之物捲吞淹沒的向心力。

挒是一種使對方原本很穩固的體姿，很嚴實的招法，突然出現空隙，突然體位扭轉以至被擊出、被摔跌的招法。故挒既是摔法，也包含打法。

楊澄甫先生在其《太極拳體用全書》中這樣解釋：

「（左手）握乙之左腕是為採。右手不動即為切截，一變即為挒。挒者即敞開乙之左肘，向乙領際以掌斜擊去」。這裏「敞開乙之左肘」為挒；「敞開乙之左肘後向乙領際以掌斜擊去」也為挒。（圖372、圖373、圖374）

筆者認為：前者為挒無須解釋；後者為挒是因為乙之左肘被敞開，是由於甲將右手切截變為掛挒所致，這也必然造成乙身體向左擰轉；此時，甲（右手）沒有離開乙之左臂，甲乘勢向乙領際以掌斜擊去，是在粘連黏隨中一氣呵成的，它符合太極推手中的傳統規矩。同時此「以掌斜擊」實為發放，增添了使乙擰轉，以至跌倒的力，故此「打」法為挒。與脫手打人截然不同。

挒往往與採、将配合使用；推手中既可攻又可守，給

圖 372

圖 373

圖 374

人以出其不意之感。

　　注：推手中的捋法，不可生拉硬拽，抓住不放，相互
摟抱成為捋跤。

推手中的打法不可脫手，違背粘、連、隨、黏，拳打、腳踢類似散打、拳擊。而是點到為止或發放為主。

推手中的拿法，不可抓住不放，生擰硬搬，以力降人，而是拿住即停。

即推手中的「摔」「打」「拿」是在粘、連、黏、隨中持巧不持力，招中有招，式式相連，嚴禁冷手、愣手傷人。

肘　勁

肘勁是用肘尖或肘周圍部位發出的力，是用肘尖或肘部周圍發出的掤、墜、擠、掛、頂、撞、掩、化的招法。

肘法的運用，一般是在雙手騰不出空來；或是一側梢節及根節同時被對方控制，只有中節（即肘部）能活動；或是對方的身體或來勁已近及我中節，我以肘部攻之、應之最為適宜。總之，肘法的運用，必須是在雙方距離更近的情況下，且用手或其他部位均不如用肘適宜時而用之。

注：推手中雙方不可脫手突然用肘尖猛擊對方的面部或身軀。

進攻者不可不顧及對方肘尖突然發力擊打、頂、撞之威脅，而盲目進攻，一味貪心好勝，以至被對方傷害或被對方犯規傷害。

防守者也不可借防守、轉換突然發力，以肘尖故意傷人。

推手是武中的文，是較手中的文。故推手中的肘法多以肘部周圍的掤、墜、擠、掛、掩、化為佳。肘尖的擊打、頂、撞僅限於點到而已，不可突然發力傷人。肘尖頂

僅限於穩力的頂。肘部的撞擊僅限於靠近肘部的前臂平面部位發力。

靠　勁

　　靠勁是用肩、背、胯抖靠衝撞，撞靠，靠擊對方的力。是雙方在更貼近的情況下，或是自己上肢的梢節及中節被對方控制，用肩、背、胯抖靠衝撞對方的身軀，使其被撞擊或跌倒的招法。

　　此法一般是在對方防備意識鬆懈時，或是借對方的採勁、捋勁而運用，使對方猝不及防。

　　例如，對方一手握我腕，一手採我肘，用大捋捋我；我可乘勢進步、進身，用肩靠擊對方。

　　又如，當對方用（右）手，沉採或橫採我的（右）腕時，我可順勢用右肩撞靠對方。

後　記

　　《太極推手真傳》一書和廣大讀者見面了。我想大家讀後，若能再與類似的太極推手之書一同回味，一定會品嘗出該書的獨特味道，特別是太極推手基本組合訓練和對掤、捋、擠、按、採、挒、肘、靠的解釋，大家讀後一定會有耳目一新之感。

　　這並非筆者個人之功。同時也是我對已故恩師徐明橋老先生言傳身授的太極推手實踐和理論的一點點歸納。

　　徐明橋老先生對太極推手的研究是很深刻的。本人深有體會，受益匪淺。我將儘快地整理、編寫出更深層次的太極推手書籍，爭取以最快的速度使之與廣大讀者見面。

　　另外，筆者對參與此書圖式演述、攝影、錄影的同仁，以及為該書出版提出過指導和幫助的各界人士表示感謝。

李亭全

作者簡介

　　李亭全　又名李廷全，1948 年出生，天津市人，爲董海川第五代、程廷華第四代、高義盛第三代傳人，徐明橋親傳弟子。

　　作者自幼喜好武術，1959 年投師於徐明橋老先生習武至今已四十七載。無論在理論上和實踐上，對高派游身八卦連環掌、散手、八卦太極拳、太極推手，都有較深的造詣。自 1986 年擔任天津市河西區武術社教練，傳授八卦掌、散手、太極推手等。曾獲天津市傳統武術比賽一等獎，天津市太極拳推手比賽 60 公斤級第二名。有論文入選首屆世界傳統武術節論文報告會及第三屆中國焦作國際太極拳交流大會太極拳論文報告會，並獲獎。

導引養生功

1 疏筋壯骨功+VCD
定價350元

2 導引保健功+VCD
定價350元

3 頤身九段錦+VCD
定價350元

4 九九還童功+VCD
定價350元

5 舒心平血功+VCD
定價350元

6 益氣養肺功+VCD
定價350元

7 養生太極扇+VCD
定價350元

8 養生太極棒+VCD
定價350元

9 導引養生形體詩韻+VCD
定價350元

10 四十九式經絡動功+VCD
定價350元

張廣德養生著作　每冊定價350元

全系列為彩色圖解附教學光碟

輕鬆學武術

1 二十四式太極拳+VCD
定價250元

2 四十二式太極拳+VCD
定價250元

3 八式十六式太極拳+VCD
定價250元

4 三十二式太極劍+VCD
定價250元

5 四十二式太極劍+VCD
定價250元

6 二十八式木蘭拳+VCD
定價250元

7 三十八式木蘭扇+VCD
定價250元

8 四十八式木蘭劍+VCD
定價250元

彩色圖解太極武術

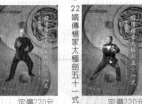

大展好書　好書大展
品嘗好書　冠群可期

大展好書　好書大展
品嘗好書　冠群可期